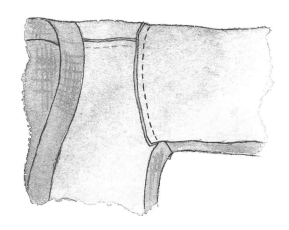

Couture
les classiques

Couture
les classiques

Texte de Miriam Coe

Adaptation française de Claire Bertrand
Photographies de Debbie Patterson

Gründ

Garantie de l'Éditeur
Malgré tous les soins apportés à sa fabrication, il est malheureusement possible que cet ouvrage
comporte un défaut d'impression ou de façonnage. Dans ce cas, il vous sera échangé sans frais.
Veuillez à cet effet le rapporter au libraire qui vous l'a vendu ou nous écrire à l'adresse ci-dessous
en nous précisant la nature du défaut constaté. Dans l'un ou l'autre cas, il sera immédiatement
fait droit à votre réclamation.
Librairie Gründ – 60, rue Mazarine – 75006 Paris

Adaptation française de Claire Bertrand
Texte original de Miriam Coe
Révision : Dominique Jorda-Benoist

Première édition française 1998 par Librairie Gründ, Paris
© 1998 Libraire Gründ pour l'édition française

ISBN 2-7000-5627-2
Dépôt légal : août 1998

Édition originale 1996 par Quadrille Publishing Limited
sous le titre original *Sewing Classics*

© 1996 Quadrille Publishing Limited, pour le texte et la maquette
© 1996 Debbie Patterson, pour les photographies
© 1996 Dave King, pour la macrophotographie

Photocomposition : Compo 2000

Imprimé en Espagne

Sommaire

Introduction

Il y a quelques années encore, si la broderie était un passe-temps, ce n'était pas le cas de la couture qui faisait partie des tâches ménagères. Aujourd'hui, il n'est plus aussi indispensable de savoir coudre, puisque l'on peut trouver une grande diversité de vêtements et de linge pour la maison fabriqués en série et relativement bon marché. De ce fait, comme l'on ne doit plus tout faire soi-même et qu'il est donc possible de choisir son ouvrage, la couture est devenue un plaisir et l'on personnalise ses habits ou sa maison dans la joie !

Cet ouvrage est destiné à celles (et à ceux !) qui savent déjà coudre et qui cherchent à améliorer un peu leur savoir-faire. Le premier chapitre examine le matériel nécessaire et les caractéristiques des différents tissus. S'y connaître un peu dans ce domaine est nécessaire car il est extrêmement regrettable de passer des heures sur un travail et d'obtenir un résultat final médiocre, faute d'avoir utilisé le tissu adapté.

Les coutures constituent également un sujet incontournable. De la qualité de leur exécution dépend le résultat d'un ouvrage et il est important de choisir chaque fois le type de couture qui convient. Coutures simples, constructions à trois dimensions et soufflets sont expliqués avec précision.

L'ampleur et la manière de la résorber au moyen de fronces constituent le sujet du chapitre suivant. Là encore, il y a plusieurs manières de résoudre ce problème et un vaste choix de solutions possibles. Enfin, les bords et les finitions sont abordés dans le dernier chapitre afin que vous puissiez embellir vos travaux. Vous pourrez alors laisser libre cours à votre imagination en utilisant les accessoires traditionnels d'une manière originale et personnelle.

L'ABC de la couture

La réussite d'un travail dépend du choix du tissu : avant de prendre l'aiguille, apprenez à connaître les différents types de tissus et choisissez celui qu'il vous faut. Allez voir les tissus dans les magasins et manipulez-les. Pour savoir si un tissu est froissable, pressez un de ses coins, puis voyez comment il réagit lorsque vous le relâchez. D'après son aspect et son contact, vous serez rapidement en mesure de choisir.

Dans ce chapitre, nous examinons l'origine et le mode de fabrication de chaque tissu, puis ses avantages et ses inconvénients. Nous expliquons également comment choisir un tissu pour confectionner un ouvrage.

Les tissus

L'apparence, le toucher et le tombé du tissu dépendent de sa composition, de son mode de fabrication et des processus de finition utilisés. On peut diviser les fibres en deux groupes : les fibres naturelles et les fibres artificielles. Les fibres naturelles peuvent se diviser à leur tour en fibres d'origine animale ou végétale et les fibres artificielles en fibres d'origine naturelle ou chimique.

Le choix du tissu

Avant d'acheter, il faut savoir précisément quel type de tissu convient pour ce que l'on cherche à faire, s'il doit être épais ou fin… Chaque rouleau de tissu comporte une étiquette avec sa composition et ses instructions d'entretien. En cas de doute, n'hésitez pas à demander de plus amples informations au vendeur.

La laine

La laine est un produit naturel obtenu à partir de la toison ou des poils de différents animaux, dont les moutons, les chèvres et les chameaux. On la trouve dans des qualités, des épaisseurs, des textures et des armures différentes. Elle peut être lisse, floconneuse, irrégulière, épaisse, lourde, rêche, douce ou délicate, selon l'effet souhaité. Lorsque le seul terme utilisé est celui de « laine », il s'agit d'un tissu provenant du mouton. Lorsque le textile est fabriqué à partir d'autres fibres animales, l'origine est précisée.

Le worsted, filé à partir de fibres longues, est lisse, très serré et légèrement élastique. Il donne un tissu solide et de première qualité. Les fibres courtes produisent des fils de laine plus doux, plus souples, moins serrés, comme ceux utilisés pour la flanelle.

La laine est un tissu assez facile à travailler : elle conserve aisément la forme qu'on lui donne. En la repassant soigneusement, on peut créer des vêtements qui épousent le contour du corps, ce dont profitent les tailleurs pour confectionner des costumes qui tombent bien.

On trouve une grande diversité de tissus de laine, depuis les épais velours jusqu'aux délicates mousselines et aux voiles des religieuses. La laine est chaude et confortable à porter. Rien ne peut se comparer aux merveilleux tweeds de laine des grands couturiers, tant appréciés aujourd'hui.

AVANTAGES

• La laine est le plus chaud des tissus naturels. Comme les fibres de laine emprisonnent l'air qui n'est pas un bon conducteur, la chaleur du corps est retenue et ne se dissipe pas.
• Les fibres de laine sont ininflammables : elles se consument plutôt qu'elles ne brûlent à la flamme.
• La fibre étant naturellement bouclée, elle reprend sa forme initiale après avoir été froissée.
• Un tissu de laine permet de faire de beaux vêtements et peut être facilement travaillé à la vapeur. Les tissus légers en laine sont moelleux et tombent bien.
• Les fibres conservent bien la couleur et peuvent être teintes à toutes les étapes : fibre, fil ou tissu.

INCONVÉNIENTS

• Les fibres de laine risquent de rétrécir lorsqu'on les met dans l'eau, sauf si elles ont subi un traitement spécial. Il est toujours préférable de nettoyer les vêtements à sec.
• Les mites s'attaquent à la laine, il faut donc prendre des précautions.
• La laine de couleur claire risque de passer et de s'abîmer si elle est trop longuement exposée à une forte lumière.
• La laine peut être chère, c'est pourquoi on la mélange souvent avec d'autres fibres pour réduire son coût, accroître sa solidité, lui éviter de rétrécir ou de gratter et d'irriter les peaux sensibles.

Les autres fibres animales

Le mohair Le mohair provient des poils de la chèvre angora. Les fibres sont légères, longues et élastiques. Elles ont un beau lustre. Les tissus en mohair prennent bien la teinture, et les couleurs employées sont souvent vives et chatoyantes. Les fibres sont également mélangées avec de la laine et donnent des tissus légers utilisés pour les costumes masculins.

L'angora Cette fibre douce et soyeuse est issue des poils du lapin angora et se reconnaît facilement parce qu'elle laisse des poils blancs.

Le cachemire Les poils de la chèvre du Cachemire donnent un tissu doux, luxueux, au toucher soyeux et glissant. Le cachemire pur est très cher, c'est pourquoi il est souvent mélangé. Le cachemire est très chaud et cependant léger à porter.

Les poils de chameau Les tissus en poils de chameau proviennent de la toison du chameau. Ils sont chauds, légers, doux au toucher et très chers, mais on mélange ses fibres avec de la laine pour en réduire le coût. Ces tissus sont presque toujours de la couleur de cet animal, allant du crème au doré et au brun. Le terme « tissu en poils de chameau » est souvent utilisé dans un sens plus large pour un textile de la couleur du chameau, mais il est généralement en laine et n'a pas les propriétés du véritable poil de chameau.

Lama, alpaga et vigogne Ces animaux ont un poil très doux et fin. Leurs fibres sont très chères, et très recherchées parce qu'elles donnent des tissus magnifiques et luxueux. Elles peuvent également être mélangées avec de la laine ou avec d'autres fibres.

11

Le coton

Le tissu de coton provient des fibres du tégument duveteux du coton, plante cultivée depuis des milliers d'années. Malgré l'introduction de tissus synthétiques, c'est encore le premier textile utilisé dans le monde. Sa production est relativement peu coûteuse et c'est un tissu extrêmement facile à utiliser.

Sa qualité dépend de la longueur de la fibre, qui est à son tour fonction de la variété de la plante et des conditions de culture. Les longues fibres sont les plus coûteuses et donnent le tissu le plus doux. Les cotons d'Égypte sont particulièrement fins, alors que le coton indien à fibres plus courtes produit un tissu plus grossier, mais néanmoins très beau.

Il existe une grande diversité de tissus de coton, depuis les fines batistes jusqu'aux coutils les plus lourds. Le coton est également apprécié sous forme de tissu tricoté comme le jersey de coton qui est très utilisé pour les tee-shirts, les sous-vêtements et les vêtements de sport.

AVANTAGES
• Le coton est solide et facile à laver. On peut le faire bouillir et le brosser pour le nettoyer s'il est très sale.
• Le coton prend bien la teinture. On peut le tisser ou l'imprimer avec des motifs colorés.
• Un coton doux et absorbant est idéal pour être porté à même la peau.
• Le coton ne produit pas d'électricité statique, inconvénient majeur des tissus synthétiques.

INCONVÉNIENTS
• Le coton se froisse quand on l'utilise et pour le défroisser, il faut le repasser ou le laver. Pour y remédier, on le mélange avec des fibres synthétiques, par exemple le polyester.
• Le tissu de coton est inflammable, c'est pourquoi lorsque vous confectionnerez des vêtements pour les enfants, choisissez un tissu traité et ininflammable.

Le lin

Le lin, l'un des plus anciens tissus existants, reste toujours très prisé pour les complets, les tailleurs et les chemises. Il provient de la tige de la plante du même nom qui pousse dans les climats frais et humides. Le meilleur lin vient d'Irlande ou de Belgique.

Il n'y a pas une grande diversité de tissus de lin, mais ils diffèrent par leur texture : certains sont très fins comme la batiste de lin et d'autres plus épais servent à confectionner des costumes et des vestes. Le fil de lin est également utilisé pour la broderie et la dentelle. C'est un tissu facile à coudre et à repasser : un tissu de lin blanc apprêté et bien repassé a un aspect particulièrement séduisant.

AVANTAGES
• Le lin est frais, absorbant et très confortable à porter, en particulier quand il fait chaud.
• Il est très résistant et recommandé pour les vêtements d'extérieur, les rideaux et tous les tissus d'ameublement.
• Le lin possède un beau lustre naturel et conserve bien sa forme. Il ne se mite pas.

INCONVÉNIENTS
• Le lin se froisse facilement, mais on peut le traiter pour remédier à cet effet.
• Le lin pur est cher, mais le mélange avec du coton ou avec des fibres synthétiques en réduit le coût et le rend moins froissable. Le lin et le coton sont associés pour produire une toile métisse utilisée pour le linge de maison.

Les autres fibres végétales

La ramie, plante tropicale, donne une fibre douce, poilue, qui ressemble à du lin, mais qui est moins coûteuse et plus facile à teindre. On la mélange généralement avec du coton ou de la soie et elle fournit alors un tissu brillant.

Le jute, le chanvre, le sisal, le coco et le kapok sont également des fibres végétales. Les quatre premiers sont utilisés pour faire des tapis et des cordages, alors que le kapok sert de rembourrage pour les jouets.

La soie

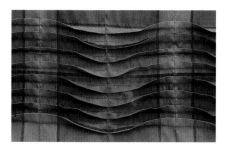

La soie est probablement le textile le plus luxueux et le plus prisé parmi les fibres naturelles. C'est la chenille du ver à soie qui secrète le fil de soie pour s'enfermer dans un cocon. C'est une fibre connue depuis la plus haute antiquité ; elle n'a jamais cessé d'être produite depuis des milliers d'années.

Différents traitements chimiques, armures et finitions produisent une grande diversité de tissus de soie. Il est difficile de croire que les soies les plus lourdes puissent avoir la même origine que les mousselines légères et délicates, ou que les luxueux satins puissent appartenir à la même famille que le taffetas raide et bruissant.

Certaines soies peuvent être chères. La qualité de la soie, de même que celle de l'impression et l'exclusivité du motif peuvent influer sur ce coût. Il y a néanmoins des soies pour tous les budgets et on peut trouver de la soie de bonne qualité à un prix raisonnable.

La meilleure soie est obtenue à partir de longs fils ininterrompus. Si le fil casse, les bouts courts sont filés pour donner un nouveau fil de soie.

Tous les déchets des cocons évidés sont toujours rassemblés afin de donner un fil plus gros pour les tissus plus épais. Ces tissus ne tombent pas comme les soies les plus coûteuses et n'ont pas leur brillant. La soie sauvage provient de cocons de vers à soie vivant à l'état sauvage, et se caractérise par des irrégularités à la surface du tissu.

Certaines soies peuvent sembler un peu difficiles à coudre au premier abord, mais avec un peu d'expérience, ces difficultés se surmontent rapidement et le résultat récompense largement ces efforts.

AVANTAGES

● Les tissus de soie sont soyeux, brillants et élégants. On les utilise pour les vêtements et pour l'ameublement.
● Bien qu'elle puisse paraître fragile, la soie est remarquablement résistante.
● La soie est absorbante, ce qui la rend confortable à porter ; elle ne se froisse pas.
● Elle se teint facilement et prend des couleurs vives.

● La soie est légère et convient donc pour les voyages.

INCONVÉNIENTS

● Certains tissus de soie s'effilochent lorsqu'on les coupe et les soies pures telles que la mousseline et le crêpe Georgette peuvent également être difficiles à coudre.
● Il faut prendre beaucoup de précautions pour le lavage de la soie.

Les textiles artificiels

Parmi les textiles artificiels figurent ceux qui ont une origine naturelle, mais qui – tels la pulpe de la laine et les déchets du coton – ne peuvent pas être filés à l'état brut. Ils subissent un traitement chimique pour les liquéfier, passent ensuite par des trous, puis sont séchés pour donner un fil prêt à être tissé.

La viscose La viscose a été l'un des premiers textiles artificiels. Produite à partir de la pâte à papier, la viscose s'est d'abord appelée rayonne. On l'a beaucoup améliorée ces dernières années et elle a maintenant un beau tombé. On l'utilise très souvent pour les robes et les jupes, ainsi que mélangée à d'autres fibres telles que la laine et le coton.

L'acétate C'est le second textile artificiel apparu sur le marché. Il est fabriqué à partir de déchets de coton et/ou de pâte à papier. Il n'est pas très solide. On en fait des taffetas, des satins et des brocarts. Les doublures sont souvent en acétate.

Les fibres synthétiques sont fabriquées à partir de produits pétroliers. Elles sont traitées à peu près comme les fibres artificielles.
   Les textiles synthétiques ont beaucoup progressé depuis leur invention. Leur atout principal est la facilité d'entretien. Ils sont infroissables, on peut les plier dans un espace très restreint, ils en sortent impeccables, ce qui les rend indispensables pour les vacances et les voyages. La plupart

d'entre eux sont faciles à laver, sèchent rapidement et n'ont pas besoin d'être repassés, ce qui est un grand avantage.

Le nylon C'est la première fibre synthétique qui ait été fabriquée. Elle est très solide et fine. Le nylon est largement utilisé pour les vêtements et comme tissu d'ameublement.

Le polyester Fibres synthétiques des plus adaptables, le polyester est extrêmement solide et peut donner des tissus très fins ou très lourds. On le mélange souvent à d'autres fibres. Le polyester et coton est sans doute le mélange le plus courant.

L'acrylique Les fibres acryliques sont fabriquées à partir de l'acrylonitrile. Elles sont douces et peuvent prendre l'apparence de la laine. On les utilise souvent pour les couvertures et les vêtements en tricot, mais également pour les robes, les costumes, les vêtements de sport et les doublures.

AVANTAGES

● Les tissus synthétiques peuvent être plissés de manière permanente : les plis persistent même après lavage.
● La plupart des tissus synthétiques sont infroissables.
● Ils sont également très résistants.

INCONVÉNIENTS

● Les tissus synthétiques ne sont pas aussi agréables à porter que les fibres naturelles.
● Ils peuvent produire de l'électricité statique.

Le matériel

Pour que votre travail ait un aspect professionnel, vous devez avoir un bon matériel. Votre ouvrage sera également plus agréable à exécuter. Votre boîte à ouvrage doit comporter un certain nombre d'éléments essentiels et une quantité de gadgets utiles pour la couture et la confection de vêtements à la maison. Achetez d'abord le matériel de base. Choisissez ce que vous pouvez vous offrir de mieux. Si vous en prenez soin, il durera de nombreuses années.

Les épingles

Les épingles peuvent être en acier, en nickel, en laiton ou en acier inoxydable. Choisissez toujours les aiguilles en fonction du tissu que vous utilisez. Rangez les épingles dans des boîtes fermées ou sur des pelotes d'épingles.

- **Les épingles de couturière** Pour les usages courants et les tissus moyens.
- **Les épingles fines** Parfaites pour les tissus fins, mais les tissus plus rigides risquent de les tordre.
- **Les épingles superlongues ou superfines** Très longues épingles pour les tissus les plus délicats.

- **Les épingles à boule** Conçues spécialement pour les tissus tricotés.
- **Les épingles à tête de verre** Coûteuses, on peut en trouver des longues pour les tissus plus épais.
- **Les épingles pour dentelle** Généralement en laiton et utilisées lorsque l'on fait ou répare de la dentelle.

Les aiguilles

Il y a diverses sortes d'aiguilles pour la couture à la main, chacune ayant une utilisation spécifique. Les aiguilles sont numérotées par taille : plus le chiffre est petit, plus l'aiguille est longue et grosse. Les aiguilles doivent être acérées : avant de coudre, jetez celles qui sont émoussées, courbées, ou qui commencent à rouiller.

Vous devez avoir sous la main quelques aiguilles pointues, quelques aiguilles de tapissier et des aiguilles longues. Les autres aiguilles mentionnées ci-dessous sont indiquées pour la couture fine à la main et pour la broderie.

Les aiguilles pointues Aiguilles de longueur moyenne avec des petits chas arrondis.
Les aiguilles de tapissier (pour matelassage) Aiguilles courtes avec de petits chas, indispensables pour les fins travaux d'aiguille exécutés à la main.
Les aiguilles fines et longues Très longues et très fines, utilisées pour le bâti et les fronces.
Les aiguilles à boule Conçues spécialement pour les tissus tricotés. L'extrémité arrondie glisse entre les fils sans s'accrocher.

Les aiguilles à repriser Longues aiguilles avec de longs chas pour fils épais. Indispensables pour couvrir la largeur de la reprise.
Les aiguilles à canevas Aiguilles à broder de longueur moyenne avec des chas larges et longs pour enfiler plusieurs brins de coton mouliné à la fois.
Les passe-lacets Courtes aiguilles épointées, qui peuvent être rondes ou plates, mais avec de grands chas. Elles servent à enfiler des élastiques et un lacet dans une coulisse.

Les dés

Vous souhaitez peut-être utiliser un dé pour vous aider à passer l'aiguille dans le tissu. De préférence à un dé en argent qui risque de se percer, choisissez un dé en acier que vous glisserez à votre majeur.

Les fils

Si vous choisissez bien votre fil, cela donnera un aspect professionnel à votre travail. Le fil doit, si possible, être d'une composition et d'une épaisseur proches de celles du tissu et pouvoir être lavé et repassé à la même température.

Assortissez la couleur du fil au tissu. Si le tissu comporte deux tons différents d'une même couleur, choisissez le ton le plus foncé, parce qu'un fil isolé semble plus clair que le même fil sur une bobine. Pour la couture main comme pour la couture machine, il faut des fils solides, de bonne qualité et d'aspect lisse. Plus le chiffre indiqué sur la bobine est élevé, plus le fil est fin.

De la cire d'abeille peut être très utile dans votre boîte à ouvrage. Faites passer votre fil dans la cire pour qu'il soit plus solide et éviter qu'il ne s'emmêle.

Le fil de lin Très solide et utile pour coudre les boutons, mais souvent trop épais et trop cher pour un usage courant.
Le fil de soie Magnifiquement soyeux et brillant, mais très coûteux. Il est idéal pour coudre de la soie pure et pour les vêtements de laine, notamment lorsqu'on les coud à la main. Les fils de soie plus épais sont parfaits pour les boutonnières faites à la main.
Le fil de coton Le fil naturel le plus courant. Bien meilleur marché que la soie ou le lin, il est généralement « mercerisé » pour lui donner un aspect soyeux. Les fils de coton ou de coton mélangé conviennent à tous les textiles naturels.
Le fil synthétique Généralement en polyester et dans une grande gamme de couleurs. Fin et solide, il convient à la plupart des tissus.
Le fil à bâtir Doux, peu serré, non mercerisé, très fragile. On peut l'ôter facilement sans déchirer le tissu. Le fil à bâtir est pelucheux : il s'accroche donc au tissu et reste en place jusqu'au moment où on l'enlève.
Le fil invisible Un fil de nylon à peu près incolore pour être assorti à tous les tissus.

17

Le matériel de mesure

Il vous faut un centimètre de couturière et une règle graduée.

Choisissez un centimètre de couturière en plastique ou en fibre de verre que vous renouvellerez fréquemment car il a tendance à s'allonger et donc à fausser les mesures.

Une règle en bois ou en plastique peut être utile car elle est parfois plus précise qu'un centimètre de couturière.

Marqueurs

On trouve différentes sortes de marqueurs de tissu, depuis les crayons spéciaux qui s'effacent à la lumière ou après quelques jours, jusqu'aux crayons de couleur.

L'un des meilleurs marqueurs est la craie tailleur traditionnelle, carrée ou triangulaire. On la trouve en plusieurs couleurs, mais le blanc est le plus facile à enlever avec une brosse. Pour obtenir une ligne fine et précise, taillez la craie avec la lame des ciseaux.

Les ciseaux

Les ciseaux doivent être aiguisés. Utilisez-les uniquement pour couper le tissu et le fil, un autre usage risquerait de les émousser. Tous les types de ciseaux existent pour gauchers.

Les grands ciseaux coudés Essentiels pour couper le tissu. Investissez dans une bonne paire de grands ciseaux, avec de longues lames et prenez-en soin. Ils dureront de nombreuses années. Les poignées doivent être coudées d'un côté, pour que les lames restent à plat sur la table lorsque l'on coupe. Pour un travail plus élaboré, il est utile d'en avoir deux paires, l'une pour les tissus naturels, l'autre pour les fibres synthétiques, qui émoussent rapidement les lames.
Les ciseaux de couturière Choisissez des ciseaux de taille moyenne avec des poignées droites, pour égaliser les coutures.

Les petits ciseaux pointus De petits ciseaux pointus très aiguisés sont indispensables pour couper les bouts de fils, pour tailler les boutonnières et pour les coins.
Les ciseaux pour papier Si vous avez une paire de ciseaux ordinaire dans votre boîte à ouvrage, vous ne serez pas tentée d'utiliser les ciseaux de couture pour le papier ou le carton.
Le cutter Rotary Des roues très acérées sont particulièrement efficaces pour couper très exactement, sur un tapis de découpe, des bandes en biais ou les pièces d'un patchwork.

Le matériel de repassage

La qualité du repassage est essentielle pour la finition d'un travail. Il vous faut donc un bon équipement. Assurez-vous que votre fer et votre table à repasser sont propres.

● Un bon fer à repasser assez lourd est indispensable. Vous pouvez utiliser un fer à vapeur, ou une pattemouille.
● La mousseline peut faire une très bonne pattemouille. Coupez plusieurs carrés de tissu d'environ 1 mètre carré.
● Un coussin de tailleur est très utile pour repasser les parties arrondies, afin d'éviter qu'elles ne s'aplatissent et ne perdent leur forme. L'un de ses côtés est en laine pour repasser les tissus en laine et l'autre en coton pour les tissus en coton.

● On peut utiliser un rouleau pour repasser les coutures. Le fer exercera une pression sur les points de la couture et non sur le tissu de part et d'autre de celle-ci. Ainsi, il n'y aura pas de marque à l'endroit du tissu.
● Une planche à velours évitera d'écraser le poil du velours.
● On peut tamponner le tissu avec un simple morceau de bois (ou « tapette ») pour faire pénétrer la vapeur. Cette technique est utilisée pour repasser les plis. Si vous n'avez pas de tapette, utilisez le dos d'une brosse à habits.

Les machines à coudre

Les machines à coudre ont non seulement révolutionné la couture familiale, mais également facilité la production industrielle de vêtements de confection. Elles sont devenues très sophistiquées. Il y en a tant sur le marché qu'il est difficile de choisir. Une machine à coudre constitue un investissement coûteux, mais si elle est judicieusement choisie, elle durera toute une vie.

Les surjeteuses familiales ne sont sur le marché que depuis une quinzaine d'années. Elles font gagner beaucoup de temps car elles peuvent exécuter la couture et le surjet en une seule fois. Mais elles ne remplacent pas une véritable machine à coudre.

Les machines à coudre

Il devient très difficile de choisir une machine à coudre face à la diversité des modèles électroniques disponibles. Réunissez de la documentation et parlez-en à d'autres couturières. Allez dans un magasin indépendant et réputé, expliquez vos besoins et demandez conseil. Essayez les machines vous-même, car avec les démonstrateurs, elles semblent toujours faciles à utiliser ! Enfilez le fil, changez la bobine et l'aiguille. Apportez votre tissu avec vous, car les démonstrateurs utilisent souvent un tissu facile à travailler.

Ne vous laissez pas tenter par tous les gadgets d'une machine à coudre : pensez à vos besoins réels et aux fonctions qui vous seront vraiment utiles. Le plus souvent, une machine qui fait un bon point droit, le point zigzag et les boutonnières est suffisante.

Les aiguilles pour machines

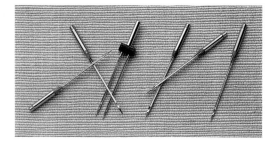

Il est important d'utiliser l'aiguille adaptée à chaque type de travail. Il faut en changer fréquemment car les aiguilles s'émoussent vite et affectent alors le fonctionnement régulier de la machine : elles risquent de faire sauter un point, d'accrocher le tissu ou de réduire la vitesse de la machine. Donc, changez d'aiguille avant chaque nouveau travail.

Les aiguilles à machine sont numérotées par taille, de 60 (fines) à 70, 80, 90 et 100 (grosses). Il est recommandé de coudre les tissus fins, comme la mousseline de soie avec une aiguille de 60 et les tissus épais avec une aiguille de 100.

Il existe une série d'aiguilles à machine à coudre destinées à des travaux particuliers.

Les machines à surjeter peuvent utiliser des aiguilles à machine à coudre ou exiger des aiguilles spéciales. Vérifiez auprès du fabricant.

Les aiguilles à boule Conçues spécialement pour les tissus tricotés plutôt que tissés, elles ont un bout rond et non pointu. La pointe émoussée se faufile entre les fils au lieu de les trouer et limite ainsi le risque de les faire filer.

Les aiguilles pour jeans Elles ont une pointe très aiguisée pour pénétrer la toile de jean.

Les aiguilles pour cuir Elles ont une pointe en forme de flèche pour transpercer le cuir.

Les aiguilles doubles Deux aiguilles sur un même porte-aiguille, toutes les deux enfilées. Elles créent deux rangs de points absolument parallèles et de même longueur. Parfaites pour les nervures et les surpiqûres. L'écartement entre les deux aiguilles varie selon les modèles.

Les aiguilles triples Même système que les aiguilles doubles, mais avec trois aiguilles.

Les aiguilles en flèche Utilisées pour les travaux décoratifs.

Les surjeteuses

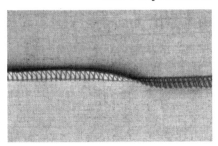

Les machines à surjeter sont relativement récentes. Elles ne sont pas faites pour remplacer les machines à coudre, mais pour être utilisées en même temps.

Leur première fonction est de finir parfaitement les bords coupés, en égalisant le tissu puis en le piquant et en le surjetant, le tout en une seule opération. Ces coutures sont particulièrement utiles pour certains tissus tricotés, comme les vêtements de sport, parce qu'elles se laissent un peu étirer. Elles donnent également de bons résultats pour les tissus tissés. En outre, certaines surjeteuses peuvent être employées pour des points décoratifs et pour faire les roulottés.

On trouve des machines à surjeter avec 2, 3, 4 ou 5 fils. Toutes les surjeteuses coupent et surjettent les bords en même temps. Les machines à 4 et 5 fils font cependant un point supplémentaire dans la partie intérieure du bord, ce qui rend la couture plus solide. Cela n'est réellement utile que pour les tissus tissés dont les coutures n'ont pas été faites à la machine. La plupart des surjeteuses peuvent être utilisées avec moins de fils que leur maximum : les machines à 4 fils peuvent également faire des bords à 2 ou 3 fils seulement.

Choisir une surjeteuse

De même que pour le choix d'une machine à coudre, allez chez un marchand réputé et indépendant et exposez vos besoins. Prenez votre tissu et essayez plusieurs modèles de machine : on sait qu'il est difficile d'enfiler le fil des surjeteuses, essayez donc de le faire. Vous ne prendrez peut-être pas votre décision immédiatement.

Choisir le fil

Les surjeteuses utilisent d'énormes quantités de fil que l'on trouve en grands cônes. Il est coûteux d'acquérir à chaque fois une bobine assortie à la couleur du tissu : achetez plutôt des couleurs qui vont avec tout, comme du beige et du gris, plus du blanc ou du noir.

Assurez-vous que le fil est solide. Il sera soumis à une grande tension dans la surjeteuse et s'il casse, il est très pénible de devoir renfiler le fil. Il doit être fin, sinon le volume des points risquerait de donner de grosses coutures. On trouve également des fils décoratifs.

Coutures simples et fantaisie

Les coutures constituent la base de tout travail. Il est donc important que vous choisissiez le bon type de couture et que vous l'exécutiez aussi habilement que possible, car c'est ce qui donnera un aspect fini à votre ouvrage. Il n'est pas indispensable de faire des coutures aux saris et aux sarongs qui ne sont que des longueurs de tissu drapées autour du corps. De même, un jeté qui sert de dessus de chaise peut ne pas nécessiter de couture. Ce sont néanmoins des exceptions.

Les coutures servent à assembler des pans de tissu, pour les rideaux ou les draps de lit. La housse de duvet comporte des coutures droites qui sont ici savamment cachées et soulignées par une broderie anglaise.

Elles permettent également de confectionner des vêtements. Les coutures du kimono se voient : elles assemblent des formes simples et angulaires qui

donnent de l'ampleur au vêtement, alors que les coutures de la jupe permettent de l'adapter au corps. Les coutures peuvent également créer des formes en trois dimensions qui comportent un soufflet. C'est la technique utilisée pour les sacs et le coussin de jardin.

Les coutures simples

Les coutures servent à assembler des pans de tissu ou à leur donner une forme. Elles sont donc généralement fonctionnelles. Pour choisir une couture, il faut prendre en compte son aspect, le type de tissu, l'ouvrage entrepris, ainsi que la fréquence de son utilisation et de son lavage. Dans le même travail, on peut utiliser des coutures différentes selon leur emplacement.

La couture simple

C'est la couture la plus classique. Elle est facile à faire et donne un aspect plat et soigné à l'ouvrage. Mais avec une seule rangée de points, elle n'est pas très solide. Après avoir fini de piquer la couture, on l'ouvre au fer.

1 Posez les pièces endroit contre endroit et alignez les bords coupés. Épinglez-les en plaçant les épingles perpendiculairement au bord. Bâtissez la couture.

2 Piquez la couture à la machine. Repassez la rangée de points de la couture et ouvrez-la au fer. Finissez les bords si nécessaire en utilisant l'une des méthodes indiquées ci-dessous.

La finition des bords

Comme les bords coupés d'une couture sont sur l'envers du tissu, ils risquent de s'effilocher. On peut leur donner un aspect plus soigné à la machine, ou à la main. Vérifiez que la méthode utilisée convienne au tissu et à l'ouvrage entrepris.

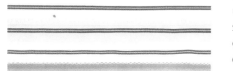

Zigzag Cette méthode simple peut se faire à la machine avec un point de zigzag effectué sur le bord coupé de la couture. On peut modifier la largeur et la longueur du point selon l'effet souhaité. Le point zigzag est particulièrement utile pour les tissus épais, raides ou tricotés.

Surjet Cette méthode se pratique avec une machine à surjeter (voir page 21), soit avant, soit après avoir piqué la couture avec une machine à coudre. Elle est particulièrement efficace pour éviter que les tissus ne s'effilochent, et pour finir un ouvrage comme une couturière professionnelle.

Finition à la machine Avec des tissus fermes et légers comme le coton, les bords coupés peuvent être surfilés à la machine. Rentrez le bord coupé de chaque largeur de couture sur 3 mm et repassez. Puis cousez près de l'extrémité repliée. Comme le tissu est alors plié en deux, cette méthode ne convient pas aux tissus épais.

Finition à la main C'est souvent la meilleure méthode, qui permet de s'adapter au tissu et de ne pas déformer la couture. On utilise généralement deux points :
Le surfil : travaillez de gauche à droite, en points penchés, à cheval sur le bord coupé du tissu (fig. 1). Ne tirez pas trop fort sur le fil.
Le point de feston : il s'exécute de gauche à droite. Piquez l'aiguille perpendiculairement au bord du tissu et faites-la passer sous le tissu et au-dessus du fil qui sort du tissu (fig. 2). Là encore, ne tirez pas trop fort sur le fil.

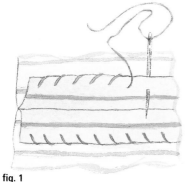

fig. 1

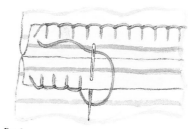

fig. 2

La couture anglaise

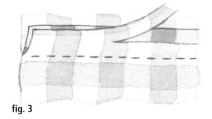

La couture anglaise n'a pas besoin de finition supplémentaire puisque les bords coupés sont à l'intérieur de la couture. Comme elle comporte deux rangs de points à la machine, elle est plus solide qu'une couture simple.

Elle convient aux tissus non mélangés, mais pas aux tissus lourds, car elle est trop épaisse. On l'utilise pour les coutures droites, en particulier avec des tissus fins, comme la mousseline, dont on peut voir les coutures à l'endroit.

1 Posez les tissus envers contre envers et alignez les bords coupés. Épinglez et bâtissez la couture qui les assemble.
2 Piquez à 1 cm du bord. Enlevez le fil de bâti.
3 Repassez. Ouvrez au fer les largeurs de la couture d'un côté, puis retaillez les deux bords à 3 mm de la couture.

4 Repliez le tissu endroit contre endroit en emprisonnant la couture. Arrangez-vous pour qu'elle soit juste au fond en la repoussant avec les doigts. Épinglez, bâtissez et piquez à 6 mm du bord replié.
5 Enlevez le fil de bâti. Repassez la rangée de points de la couture, puis ouvrez-la sur le côté.

La couture rabattue à la machine

C'est une couture qui ne nécessite pas de finitions supplémentaires et qui est solide parce qu'elle comporte deux rangées de points à la machine. Une couture rabattue est plate et paraît aussi nette à l'envers qu'à l'endroit.

1 Mettez le tissu endroit contre endroit et alignez les bords coupés. Épinglez, bâtissez et piquez les deux pièces de tissu, comme pour une couture simple. Enlevez le fil de bâti et repassez la couture.
2 Coupez l'un des bords du rentré à 6 mm de la couture (fig. 3). Repassez les deux largeurs sur le côté en plaçant le bord recoupé au-dessous.

3 Rabattez la plus grande largeur sur la plus courte (fig. 4). Faites un petit rentré et bâtissez ce bord replié sur le corps du tissu en enfermant la petite largeur.
4 Piquez la seconde rangée de points près du bord replié en restant bien parallèle à la première couture (fig. 5). Enlevez le fil de bâti.

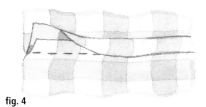

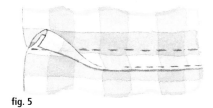

fig. 3

fig. 4

fig. 5

La couture rabattue à la machine sur l'endroit

Dans cette couture rabattue qui se fait à l'endroit du tissu, les deux coutures sont visibles. On peut faire la couture avec un fil de couleur contrastée, ce qui ajoute un effet décoratif.

Il est très important que les deux coutures soient identiques, utilisez donc toujours le même point.

Pour faire la couture, suivez les instructions données ci-dessus pour la couture rabattue, mais commencez par mettre votre tissu envers contre envers.

Les coutures décoratives

Si les coutures sont fonctionnelles, elles peuvent également être décoratives. Pour que l'on remarque une couture, il faut souvent ajouter une autre rangée de points, ce qui la rend aussitôt plus solide. Notez que lorsque vous exécutez une couture à l'endroit d'un ouvrage, il faut être très précis et piquer toujours droit. Avant de commencer, vérifiez la longueur du point sur un tissu similaire.

La couture rabattue surpiquée

C'est une variante de la couture rabattue. Elle est utilisée pour les tissus lourds pour lesquels une couture rabattue classique ferait trop épais. La rangée supplémentaire de points est visible à l'endroit du tissu ; elle solidifie l'assemblage et constitue un élément décoratif.

1 Mettez les pièces de tissu endroit contre endroit et alignez les bords coupés. Épinglez-les, bâtissez et piquez comme pour une couture simple. Enlevez le fil de bâti et ouvrez la couture au fer d'un côté.

2 Coupez la largeur intérieure du rentré à 6 mm de la couture. Surfilez la largeur la plus longue si nécessaire (fig. 1).

3 Rabattez la grande largeur sur le bord recoupé et bâtissez ensemble sur l'endroit, le tissu et la grande largeur. En travaillant toujours sur l'endroit, faites une surpiqûre à côté de la couture (fig. 2).

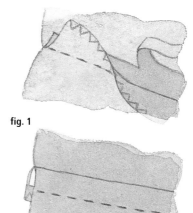

fig. 1

fig. 2

La couture avec pli

Cette couture nette et décorative se pique à l'endroit, à 6 mm ou à 3 mm de la pliure.

1 Marquez l'emplacement des coutures sur les deux tissus.

2 Rentrez sur l'envers la largeur de la couture du tissu qui sera sur le dessus (fig. 3). Repassez et bâtissez.

3 Mettez le tissu du dessus sur celui du dessous, en alignant le bord replié avec la marque de la couture. Épinglez et bâtissez. Cousez parallèlement à 3 ou 6 mm de la pliure.

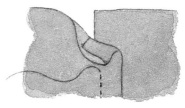

fig. 3

La couture surpiquée

C'est une variante d'une couture simple et plate avec deux rangées de piqûre de chaque côté de la couture, pour décorer.

1 Mettez le tissu endroit contre endroit et alignez les bords coupés. Épinglez et bâtissez comme pour une couture plate. Ouvrez la couture au fer.

2 En travaillant sur l'endroit, surpiquez à distance voulue de la couture d'un côté.

3 Toujours sur l'endroit, faites la même chose de l'autre côté de la couture en prenant soin de respecter la même distance. Servez-vous du pied de biche pour vous guider dans le piquage.

La couture passepoilée

Il y a deux sortes de coutures passepoilées : les souples et les rigides. Un passepoil consiste en un morceau de tissu plié dans le sens de la longueur et monté dans une couture de manière à être visible et décoratif. Si la couture n'est pas droite, il doit être coupé en biais. Pour souligner les coutures, on peut placer des passepoils plus ou moins larges.

La couture avec liseré

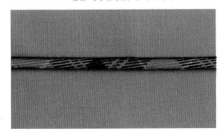

1 Pliez la bande de tissu en deux dans le sens de la longueur envers contre envers. Placez le liseré replié sur l'endroit de l'une des pièces de tissu. Épinglez et bâtissez-le le long de la ligne de couture (fig. 4).

2 Posez la seconde pièce de tissu sur la première, endroit contre endroit, en alignant les bords coupés. Épinglez, bâtissez et piquez (fig. 5). Enlevez le fil de bâti et repassez.

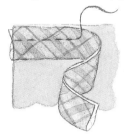

fig. 4

fig. 5

La couture avec passepoil rigide

Une couture avec biais gansé s'exécute de la même manière qu'avec un liseré souple, mais la cordelette est insérée dans le pli de la bande de tissu. Ce passepoil est bâti et cousu avant d'être monté dans la couture (fig. 6). Un pied de biche pour fermeture à glissière ou un pied ganseur vous permettront de piquer au plus près du cordon.

fig. 6

La couture avec insertion

Dans cette couture décorative, les deux parties du tissu ne se touchent pas mais sont réunies par de la dentelle ou par de la broderie anglaise. Si la partie que l'on veut insérer dans la couture possède une lisière bien finie, on la place sur le tissu. Si ce n'est pas le cas, c'est le tissu qui est mis sur le dessus. Ces coutures peuvent être réalisées avec un point droit ou zigzag. En recouvrant une couture d'une broderie anglaise, on peut faire comme s'il s'agissait d'une insertion.

Insertion au point droit
1 Faites un petit ourlet sur les bords des deux pièces de tissu.
2 Épinglez, bâtissez et piquez l'insertion sur l'endroit du tissu.

Insertion au point zigzag
1 Placez la broderie, endroit tourné vers le haut, sur l'endroit du tissu, à 6 mm du bord. Épinglez et bâtissez.
2 Fixez-la avec un petit point zigzag sur le tissu (fig. 7).
3 Posez l'autre côté de la broderie de manière symétrique. Épinglez, bâtissez et faites un point zigzag (fig. 8).

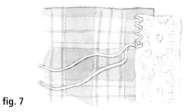

fig. 7

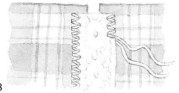

fig. 8

Parure de lit

Une batiste douce et fine est ce que l'on peut souhaiter de plus luxueux pour un lit. Vous pouvez personnaliser les coutures de la housse de couette avec une insertion de broderie anglaise qui les dissimule.

Taies d'oreiller avec broderie anglaise

Le carré central des taies d'oreiller est raccordé aux bordures avec angles en onglet par une insertion de broderie anglaise. La taie comporte une large bordure extérieure avec angles en onglet également.

fig. 1

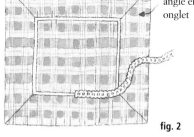

angle en onglet

fig. 2

arrêtez la piqûre au bord de la couture

fig. 3

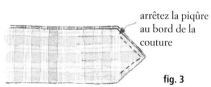

fig. 4

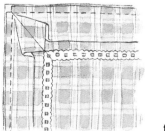

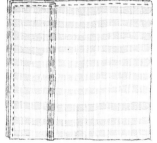

fig. 5

Fournitures

1,40 m de coton en 90 cm de large
1,60 m de ruban de broderie anglaise à œillets en 2 cm de large pour l'insertion
Fil à coudre assorti
1,60 m de ruban de vichy en 6 mm de large

Coupe

1 Pour le devant, coupez dans le coton un carré de 37 cm de côté et quatre pièces de chacune 50 x 8 cm pour la bordure intérieure.
2 Pour le dos, coupez une pièce de coton de 51 x 50 cm, une pièce de 50 x 17 cm pour le rabat et 4 bandes de chacune 60 x 12 cm pour la bordure extérieure.

Confection du devant

1 Posez la première bande intérieure endroit vers le haut. Repliez l'extrémité de la bande en diagonale pour qu'elle s'aligne avec le bord opposé. Repassez. Dépliez le tissu et coupez le long de la ligne de pliure (fig. 1). Répétez l'opération à l'autre extrémité de la bande, mais en la pliant en sens inverse. Coupez tous les angles des bandes en onglet.
2 En mettant le tissu endroit contre endroit, réunissez les bandes intérieures pour former un carré en laissant une largeur de couture de 1 cm. Ouvrez les coutures au fer. Repliez le bord intérieur du carré sur 1 cm et surpiquez.
3 Prenez le carré central de tissu, rentrez le bord extérieur sur 1 cm vers l'intérieur, repassez et surpiquez-le.
4 Posez le carré central endroit vers le haut et placez tout autour la bande intérieure en carré, à l'endroit également. Pour les réunir, placez entre les deux le ruban de broderie anglaise aux angles en onglet (fig. 2) en faisant légèrement

chevaucher le ruban sur les bords des deux pièces de tissu. Épinglez. Bâtissez et surpiquez le ruban le long des deux bords.
5 Enfilez le ruban dans les œillets de la broderie et nouez les extrémités du ruban à l'un des angles.

Bordure extérieure

1 Pliez chaque pièce de la bordure extérieure en deux, envers contre envers, dans le sens de la longueur. Repassez. À chaque extrémité, pliez les angles en diagonale en alignant les bords coupés avec le pli central et repassez. Dépliez et coupez sur la pliure. Répétez l'opération à toutes les extrémités des bandes.
2 Dépliez les bandes, placez-les endroit contre endroit. Réunissez-les par une couture à 1 cm du bord : vous obtenez un carré (fig. 3). Mettez-les à l'endroit et repliez-les en deux. Repassez.
3 Épinglez et bâtissez ensemble les bords coupés de la bordure extérieure et le devant de la taie, endroit contre endroit (fig. 4).

Montage

1 Faites un ourlet de 6 mm sur un grand côté du rabat et un ourlet de 1 cm sur un petit côté de la pièce de tissu du dos de la taie.
2 Épinglez le dos sur l'avant de la taie, endroit contre endroit, en plaçant le bord ourlé le long d'une couture de côté et en alignant les autres côtés coupés.
3 Posez le rabat par-dessus la partie ourlée du dos de la taie. Mettez bord à bord le bord coupé du rabat et le bord coupé de l'avant. Alignez également les bords du côté du rabat avec les bords coupés de l'avant et du dos. Épinglez, bâtissez et piquez tout autour (fig. 5).
4 Retournez la taie et repassez.

Housse de couette

Les coutures d'une housse de couette doivent être solides pour supporter de fréquents lavages. On peut faire une soutache en broderie anglaise (pour cacher la couture) : les deux rangs de surpiqûre solidifient la couture.

fig. 1

fig. 2

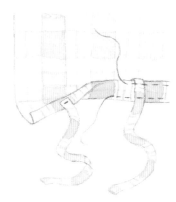

fig. 3

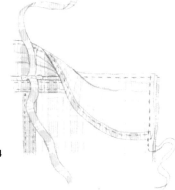

30 **fig. 4**

Fournitures
9,70 m de tissu en 90 cm de large
Fil à coudre assorti
4,50 m de broderie anglaise en 6 cm de large pour l'insertion
4,50 m de ruban en 6 mm de large et épingle de sûreté (facultatif)

Coupe
1 Pour le devant, coupez une pièce de 237 cm de long et de la largeur du tissu ainsi que deux bandes pour le côté du devant, chacune de 237 x 27 cm.
2 Pour le dos, coupez une pièce de 206,5 cm de long et de la largeur du tissu et deux bandes pour le côté arrière de 206,5 x 27 cm.
3 Coupez 10 liens de chacun 26 x 2,5 cm.

Confection du devant
1 En plaçant le tissu endroit contre endroit, joignez la partie centrale du devant avec les parties latérales par une couture simple et surfilez. Pour le rabat, coupez dans cette pièce une bande de 34 cm de hauteur qui sera prélevée dans le bas.
2 Placez la broderie anglaise sur les coutures du devant, l'envers de la broderie sur l'endroit du tissu. Épinglez, bâtissez et piquez (fig. 1).
3 Si vous ajoutez un ruban, coupez-en deux longueurs égales. Épinglez l'extrémité de l'un des rubans sur le tissu avec l'épingle à nourrice et passez le ruban dans la broderie anglaise. Répétez l'opération avec le second ruban.
4 Pour les liens, pliez les bandes en deux dans le sens de la longueur, endroit contre endroit et piquez à la machine à 6 mm du bord dans la longueur et sur un côté. Retournez-les et repassez. Préparez ainsi 5 paires de liens.
5 Posez 5 liens à distance égale le long du bord du bas de la housse en les

plaçant sur l'endroit, les extrémités coupées bord à bord.
6 Faites un ourlet de 2,5 cm sur un grand côté du rabat. Posez ensuite endroit contre endroit le bord non fini du rabat contre le bord du bas du devant de la housse. Épinglez, bâtissez et piquez en prenant en sandwich les liens entre le rabat et la housse (fig. 2).

Confection du dos
1 Joignez la partie centrale du dos aux parties latérales comme pour le devant. Repassez un ourlet de 2,5 cm le long du bord du bas.
2 Ouvrez l'ourlet et mettez l'extrémité coupée des 5 liens restants et l'extrémité coupée du bord de la housse endroit contre endroit. Vérifiez que les liens sont bien en face de ceux du devant. Épinglez et bâtissez les liens, puis repliez l'ourlet qui porte les liens (fig. 3). Piquez l'ourlet le long du pli et le long du bord.

Montage
1 Posez le devant et le dos de la housse endroit contre endroit. Laissez le rabat à l'extérieur. Alignez l'ourlet du dos de la housse avec la couture du rabat pour que le devant et le dos aient la même longueur.
2 Ramenez le rabat sur l'arrière. Épinglez, bâtissez et piquez les côtés et le haut de la housse (fig. 4) en passant à travers le rabat. Repassez et retournez la housse. Mettez la couette dans la housse, retournez le rabat et attachez les liens.

Kimono

Le kimono est un vêtement qui vient du Japon, où il est porté le jour et le soir. Il peut être confectionné dans les tissus les plus somptueux. Nous avons choisi sa forme simple et son mélange de carreaux et de rayures rouges et blancs afin de créer le vêtement idéal pour paresser à la maison.

Fournitures
4 m de tissu en 115 cm de large
70 cm de tissu contrastant en 90 cm
    de large
Fil à coudre assorti
Papier pour patron

Agrandissement des patrons
Dessinez le patron du kimono avec les mesures indiquées sur les croquis ci-dessous.

Coupe
Dans le tissu principal
1 dos
2 devants
2 manches
Dans le tissu contrastant
2 poignets
2 cols
2 ceintures

Montage du devant, du dos et de l'attache
1 Coupez une bande de tissu contrastant de 10 x 3 cm et pliez-la en deux dans le sens de la longueur, endroit contre endroit pour l'attache. Piquez à 6 mm du bord dans la longueur. Retournez la bande et repassez.
2 Pliez la bande en confectionnant une flèche et placez-la au milieu du cou sur l'envers du dos, en alignant les bords coupés de l'attache et du dos. Bâtissez l'attache (fig. 1).

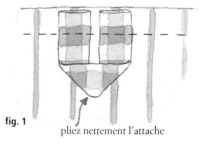

fig. 1   pliez nettement l'attache

3 Réunissez les épaules du devant et du dos par des coutures anglaises.
4 Faites un petit ourlet de 6 mm sur le devant, du point A jusqu'au bas.

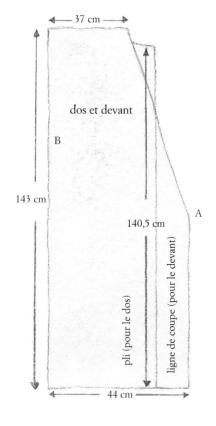

dos et devant

B

37 cm

143 cm

140,5 cm

A

44 cm

pli (pour le dos)

ligne de coupe (pour le devant)

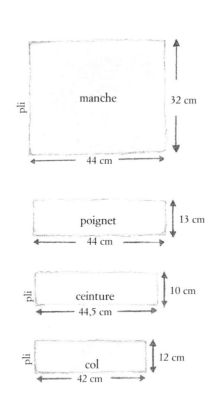

manche

32 cm

44 cm

pli

poignet

13 cm

44 cm

ceinture

10 cm

44,5 cm

pli

col

12 cm

42 cm

pli

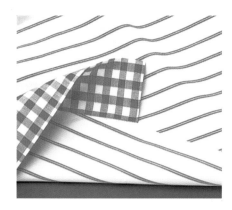

Confection et montage du col

1 Assemblez les deux parties du col par leurs largeurs. Repliez au fer les largeurs des coutures des deux autres extrémités courtes du col.

2 Pliez le col en deux dans le sens de la longueur envers contre envers et repassez. Ouvrez le pli. Sur une longueur du col, faites un rentré de couture au fer, sur l'envers.

3 En posant le tissu endroit contre endroit, assemblez la longueur non repliée du col avec le dos et le corps du vêtement : placez la couture du col au centre du dos et les points A sur le devant. Repassez la couture vers le col.

4 Ramenez le col sur l'envers du corps du kimono en suivant la ligne de pliure.

5 Placez le bord replié du col contre la première rangée de piqûre à la machine. Épinglez et bâtissez. Cousez au point glissé sur la couture.

6 Fermez les extrémités du col au point glissé sur la couture, à la machine.

Montage des manches

1 Montez endroit contre endroit le long côté de chaque poignet et l'extrémité inférieure de chaque manche. Épinglez, bâtissez et piquez. Repassez les coutures.

2 Montez les manches au corps du kimono par une couture anglaise en alignant le centre du haut de la manche avec la couture de l'épaule et en vous arrêtant à 1,5 cm de chaque extrémité de la manche pour la couture (fig. 2).

Repassez les coutures vers les manches.

3 Faites les coutures des bords assemblant le corps du kimono jusqu'au point B.

4 Fermez les manches en partant du point B et en piquant jusqu'à l'extrémité.

5 Faites un rentré sur le bord non fini du poignet et cousez-le au point glissé sur la couture, comme pour le col (fig. 3).

Confection de la ceinture

1 Assemblez les pièces de la ceinture par leur petit côté. Repassez-les.

2 Pliez la ceinture en deux, endroit contre endroit dans le sens de la longueur, et piquez.

3 Retournez la ceinture et repassez-la en plaçant la couture au centre. Retournez les extrémités et cousez-les au point glissé. Repassez.

Confection des coulants et finition

1 Coupez une bande de tissu contrastant de 20 x 4 cm. Pliez-la en deux dans le sens de la longueur endroit contre endroit et piquez à 6 mm du bord, sur la longueur. Retournez la bande et repassez en mettant la couture au centre.

2 Coupez la bande pour en obtenir deux de 10 cm de long. Rentrez chacune des extrémités.

3 Épinglez les coulants sur le kimono et fixez-les par une piqûre en carré à chaque extrémité (fig. 4)

4 Faites un ourlet de 2,5 cm au bas du kimono avec un rentré de 6 mm.

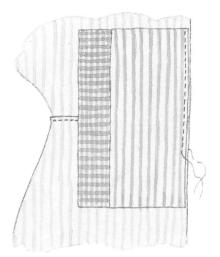

fig. 2

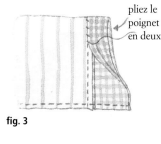

pliez le poignet en deux

fig. 3

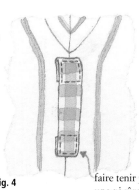

fig. 4

faire tenir par une piqûre en carré

Formes rondes et carrées

Les coutures courbes et les soufflets permettent de donner des formes et de l'aisance aux vêtements. Les coutures courbes doivent être cousues avec soin pour que la largeur de la couture reste constante et que le point soit régulier. Après avoir piqué, il faut réunir et cranter les largeurs de la couture pour pouvoir les repasser à plat.

Un soufflet est une pièce de tissu ajoutée entre deux bandes pour donner de l'aisance. Il peut n'avoir que 2 cm de large ou mesurer jusqu'à 10 cm pour un gros coussin par exemple. On peut le tailler dans le droit-fil ou en biais, selon l'effet recherché.

Coutures courbes

Faites comme pour une couture simple : placez les deux tissus en laissant une marge pour la couture et piquez lentement et régulièrement au point devant.

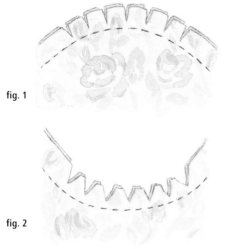

fig. 1

fig. 2

1 Placez les deux morceaux de tissu endroit contre endroit et épinglez-les en mettant les épingles perpendiculairement au bord du tissu. Bâtissez et piquez en respectant la largeur de la couture et en guidant le tissu avec la main.
2 Pour finir une courbe convexe et mettre la couture à plat, crantez le rentré en direction de la couture (fig. 1).

Espacez les crans régulièrement et faites-en assez pour que la couture soit bien à plat. Faites un point de zigzag à la machine au bord de la couture.
3 Pour finir une courbe concave, faites des crans réguliers dans les largeurs de la couture pour que le tissu trop long puisse se chevaucher à plat (fig. 2). Faites un point zigzag à la machine au bord de la couture.

Formes rondes

Les formes rondes comportent un haut et un bas en forme de cercle, plus une bande pour le soufflet du côté. Lorsque la bande de côté est longue, comme dans un gros coussin, on peut, avant de l'insérer entre le haut et le bas, ajouter une fermeture à glissière.

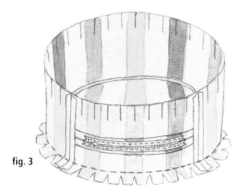

fig. 3

1 Coupez une bande pour le soufflet de la longueur de la circonférence du cercle plus deux rentrés de couture. En mettant le tissu endroit contre endroit, faites une couture pour créer un rond. Crantez les bords en haut et en bas de la bande. Placez endroit contre endroit la bande, le bas et le haut. Épinglez-les, bâtissez et piquez en laissant une ouverture dans une couture pour retourner la forme. Insérez le rembourrage et fermez l'ouverture de la forme.
2 Pour ajouter une fermeture à glissière, on fait un soufflet en deux parties. Coupez deux bandes de tissu de la

longueur de la fermeture plus deux rentrés de couture x 1/2 la hauteur totale plus deux rentrés de couture.
3 Placez les soufflets pour la fermeture à glissière endroit contre endroit. Épinglez et bâtissez sur toute la longueur. Piquez à partir des extrémités en laissant une ouverture centrale pour la fermeture à glissière. Ouvrez la couture au fer. Posez la fermeture à glissière à l'envers de la couture, derrière la partie bâtie. Épinglez, bâtissez et piquez les deux côtés de la fermeture à glissière. Ouvrez partiellement la fermeture, puis cousez le soufflet (fig. 3).

Formes carrées

Elles sont confectionnées comme les formes rondes, mais on ajoute une bande pour le soufflet. Pour un gros coussin, on met une fermeture à glissière entre deux bandes repliées d'un soufflet avant de l'insérer entre le dessus et le dessous. Les soufflets profonds sont généralement coupés dans le droit-fil et peuvent faire le tour du coussin avec une seule couture, ou avec plusieurs qui permettent ainsi de marquer les angles par les coutures.

1 Mesurez les côtés de la forme carrée et coupez un soufflet de la longueur de chaque côté et de la largeur de la boîte, en ajoutant toujours deux largeurs pour les rentrés de couture.

2 Assemblez les bandes du soufflet en formant un carré ou un rectangle et en commençant et en arrêtant les coutures à 1,5 cm de chaque bord.

3 En plaçant le tissu endroit contre endroit, épinglez, bâtissez et piquez pour assembler le haut de la boîte avec le bord supérieur du soufflet. Dégagez la bande du soufflet à chaque angle, puis piquez en formant un angle droit.

4 Répétez l'opération pour assembler le bas de la forme avec le soufflet en laissant une large ouverture centrale dans l'un des côtés. Retournez la housse en mettant l'endroit à l'extérieur.

5 Insérez le rembourrage, rentrez les bords de l'ouverture et fermez-la au point glissé.

6 Pour insérer une fermeture à glissière, mesurez la longueur de cette fermeture et coupez deux bandes de cette longueur plus deux largeurs de couture x la hauteur de la boîte plus deux largeurs de couture. Pliez chaque bande en deux dans le sens de la longueur, envers contre envers, et repassez-les. Placez la fermeture à glissière au centre de ces deux pièces, bâtissez et piquez. Puis reconstituez la forme comme ci-dessus (fig. 4), mais sans laisser une ouverture pour la retourner. Ouvrez partiellement la fermeture à glissière avant de coudre la bande pour le soufflet (fig. 5).

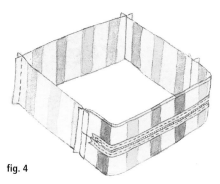

fig. 4

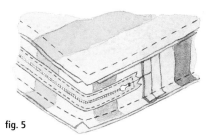

fig. 5

Formes passepoilées

On ajoute souvent un passepoil ou un biais gansé en haut et en bas du soufflet pour souligner l'angle ou ajouter couleur et fantaisie. Coupez le tissu qui recouvrira la ganse dans le biais du tissu.

1 Mesurez la longueur du soufflet et coupez un passepoil de deux fois la longueur du soufflet plus 4 cm pour les coutures d'assemblage. Épinglez, bâtissez et cousez le passepoil autour du haut et du bas de la boîte.

2 Dégagez le tissu du passepoil à chaque angle des formes carrées ou rectangulaires. Pour les formes circulaires, crantez régu- lièrement le passepoil pour qu'il s'incurve doucement tout autour de la forme.

3 Assemblez soigneusement les extrémités du passepoil avec le milieu du dos si la forme est carrée ou rectangulaire.

4 Assemblez le soufflet avec la partie du dessus et du dessous et ajoutez si nécessaire une fermeture à glissière comme plus haut.

37

Sacs

Les sacs constituent un élément essentiel dans une garde-robe. Ils sont indispensables, que ce soit pour voyager ou simplement pour faire les courses. Vous porterez en bandoulière ce sac vaste et souple, à grande poche surpiquée et vous y mettrez tout ce dont vous avez besoin dans la vie quotidienne, alors que le fourre-tout sera parfait pour les courses ou les escapades de week-end. Choisissez un beau tissu résistant qui ne se déforme pas. Pour rendre le sac plus solide et lui donner un aspect plus élégant, vous pouvez ajouter un molleton qui sert de triplure au tissu avant de confectionner le sac.

Sac en bandoulière

Personnalisez votre style avec ce sac fleuri à coutures courbes et poche surpiquée.

Fournitures
1 m de tissu en 115 cm de large
1 m de doublure en 115 cm de large
1 m de triplure en 90 cm de large
Fil à coudre assorti

Agrandissement du patron
Faites le patron avec les mesures indiquées page 40.

Coupe
Dans le tissu
1 dos
1 devant
1 poche
2 bandoulières
1 soufflet
Dans la doublure
Coupez les mêmes pièces que dans le tissu sauf les bandoulières.
Dans la triplure (molleton)
Coupez les mêmes pièces que dans le tissu, mais une seule bandoulière.

Préparation du tissu
Placez une pièce de triplure à l'envers de chaque pièce de tissu et à l'envers d'une seule pièce de la bandoulière. Épinglez en laissant à plat les pièces comportant le tissu et la triplure.

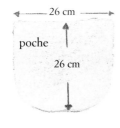

26 cm

poche

26 cm

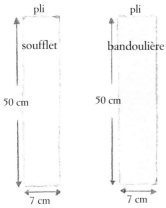

pli   pli

soufflet   bandoulière

50 cm   50 cm

7 cm   7 cm

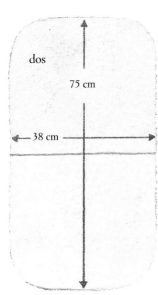

dos

75 cm

38 cm

38 cm

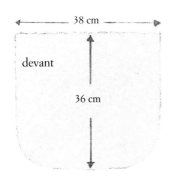

devant

36 cm

Confection et montage de la poche

1 Placez endroit contre endroit la doublure de la poche et la poche avec la triplure. Épinglez-les, bâtissez et piquez en laissant un petit espace pour retourner la poche.

2 Retournez la poche et fermez l'ouverture au point glissé. Repassez. Surpiquez le haut de la poche près du bord.

3 Posez la poche sur l'endroit de la partie avant du sac à 7 cm des bords des côtés et du bas (fig. 1). Épinglez, bâtissez et surpiquez le tour de la poche, sauf le haut de celle-ci, directement sur le sac.

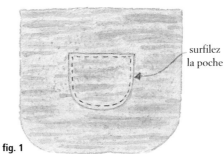

surfilez la poche

fig. 1

Confection du devant

1 Posez l'endroit de la doublure du devant sur l'endroit du devant avec triplure et assemblez-les par le haut. Repassez et retournez à l'endroit.

2 Surpiquez le bord du haut, puis bâtissez le reste de la doublure du devant sur le devant, envers contre envers, en alignant les bords coupés (fig. 2).

Confection du dos

1 Posez l'endroit de la doublure du dos sur l'endroit du dos avec triplure. Épinglez, bâtissez et piquez seulement autour du rabat.

2 Crantez la couture. Retournez à l'endroit et repassez. Puis surpiquez près du bord le tour du rabat.

3 Placez le reste de la doublure sur le reste du dos, envers contre envers, et bâtissez.

Confection de la bandoulière

1 Prenez la pièce avec triplure, faites un rentré de 1,5 cm

sur l'envers aux extrémités et repassez.

2 Assemblez les deux pièces de la bandoulière endroit contre endroit. Piquez sur les longueurs.

3 Retournez la bandoulière à l'endroit et repassez. Surpiquez le long de chaque longueur.

Montage du soufflet et finition

1 Placez bord à bord l'endroit des extrémités non repliées de la bandoulière sur l'endroit des extrémités de la pièce de soufflet. Assemblez.

fig. 2

2 Assemblez l'endroit du soufflet avec l'endroit des pièces du devant et du dos du sac. Il faut prendre la doublure du devant et du dos dans les coutures.

3 Faites un rentré de 1,5 cm sur l'envers aux deux extrémités du soufflet et sur une longueur de la doublure du soufflet. Repassez.

4 Joignez le bord non replié de la doublure du soufflet et le devant du sac, en plaçant l'endroit de la doublure contre l'endroit de la doublure du devant. Le devant du sac sera maintenant pris en sandwich entre le soufflet et la doublure du soufflet. Crantez et repassez les coutures vers le soufflet.

5 Rabattez la doublure du soufflet sur le soufflet et cousez au point glissé la longueur repliée de la doublure sur la piqûre de l'autre couture du soufflet.

6 Cousez les petites extrémités repliées de la bandoulière sur les extrémités de la doublure du soufflet. Retournez le sac à l'endroit.

Sac fourre-tout

Ce classique fourre-tout peut être confectionné dans un velours solide et renforcé par une doublure qui lui donnera stabilité et caractère, ou bien dans un coton matelassé solide. De grandes poignées le rendront facile à porter.

Fournitures

1,20 m de tissu en 137 cm de large
1,20 m de doublure en 137 cm de large
Fil à coudre assorti
Fermeture à glissière de 75 cm

Agrandissement du patron

Dessinez un patron en utilisant les mesures indiquées sur le croquis de la page 43.

Coupe

Dans le tissu
2 sacs
2 poignées
2 soufflets pour la fermeture à glissière
2 soufflets
Dans la doublure
Les mêmes pièces que pour le tissu sans les poignées et sans les soufflets pour la fermeture à glissière.

Confection des poignées

1 Pliez en deux dans la longueur les deux pièces des poignées, endroit contre endroit. Épinglez, bâtissez et piquez les deux longueurs.
2 Retournez les deux poignées à l'endroit et repassez. Rentrez les deux petites extrémités à l'intérieur et cousez-les au point glissé. Repassez.

Confection du devant et du dos

1 Bâtissez la doublure du devant et du dos sur le devant et le dos, envers contre envers.

2 Posez les poignées à 11 cm en dessous du bord supérieur et à 17 cm des côtés. Piquez les extrémités des poignées en carré pour que l'attache soit solide (fig. 1).

Montage de la fermeture à glissière

1 Pliez en deux dans le sens de la longueur les pièces du soufflet avec fermeture à glissière, envers contre envers.
2 Repliez l'une des longueurs de chaque pièce de soufflet vers l'intérieur, sur 1,5 cm.
3 Posez les soufflets de la fermeture à glissière de façon à ce que les bords repliés se rejoignent sur la fermeture à glissière (fig. 2). Épinglez, bâtissez et piquez.

Montage du soufflet

1 Endroit contre endroit, assemblez les pièces du soufflet par une de leurs petites extrémités et ouvrez la couture au fer.
2 Piquez chacune des deux extrémités de ce soufflet avec les extrémités du soufflet avec fermeture à glissière, en les mettant endroit contre endroit. Repassez les coutures vers le soufflet n'ayant pas de fermeture.
3 Assemblez le soufflet obtenu avec les pièces du devant et du dos du sac en plaçant les tissus endroit contre endroit.
4 Crantez les coutures jusqu'à celle où se rencontrent la fermeture à glissière et le soufflet n'ayant pas de fermeture.

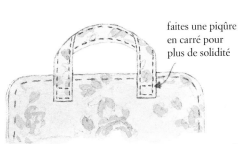

faites une piqûre en carré pour plus de solidité

fig. 1

pliez le soufflet en deux

fig. 2

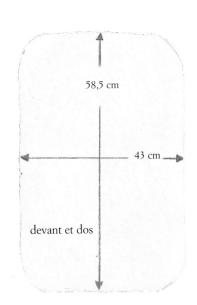

58,5 cm

43 cm

devant et dos

10 cm

63,5 cm

poignée

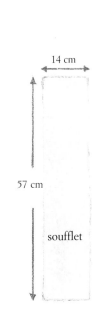

14 cm

57 cm

soufflet

14 cm

79 cm

soufflet
avec
fermeture
à glissière

fig. 3

Montage de la doublure du soufflet

1 Rentrez sur 1,5 cm les deux petites extrémités de la doublure du soufflet. Repassez.

2 Placez la doublure du devant en sandwich entre l'endroit de la doublure du soufflet et le devant. Épinglez, bâtissez et piquez la doublure du soufflet sur le devant du sac. Repassez la couture vers le soufflet. La couture du soufflet avec fermeture à glissière doit disparaître sous les bords repliés. Cousez à point glissé le bord replié.

3 Rabattez la doublure du soufflet sur le soufflet et cousez au point glissé la longueur repliée sur l'autre couture du soufflet, à points réguliers (fig. 3).

4 Faites un point glissé pour coudre le petit côté replié sur le soufflet avec fermeture à glissière. Ouvrez la fermeture et mettez le sac à l'endroit.

Ouatine

La ouatine, généralement utilisée pour rendre un tissu plus chaud, est placée entre deux épaisseurs d'étoffe piquées ensemble à la main ou à la machine. La piqûre peut être droite ou dessiner des motifs élaborés qui se remarquent particulièrement sur les tissus unis.

Les tissus ouatinés sont solides et conviennent bien pour des sacs. On peut terminer les deux sacs par des surpiqûres en lignes verticales qui leur donnent une touche décorative.

1 Dessinez sur le sac des lignes également réparties tous les 2,5 à 5 cm.

2 Placez la ouatine entre le tissu et la doublure. Bâtissez solidement ensemble les trois épaisseurs en allant du centre vers la périphérie.

3 Piquez les lignes dessinées avec un fil assorti ou contrastant.

4 Calculez et marquez de la même manière les lignes que vous allez surpiquer sur l'endroit du tissu.

43

Coussin de jardin

Un joli coussin pour un fauteuil de jardin rendra celui-ci bien plus confortable. Lorsque l'on maîtrise l'art du soufflet, les coussins sont faciles à réaliser. Choisissez un tissu résistant, qui ne se fane pas au soleil et qui supporte les averses estivales si son rembourrage est en mousse. Une très longue fermeture à glissière permettra de retirer la housse et de la laver facilement.

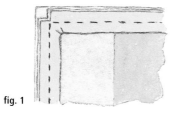

fig. 1

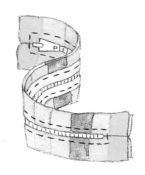

fig. 2

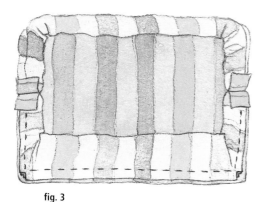

fig. 3

Fournitures

Papier pour patron
Tissu (voir coupe ci-dessous)
Fil à coudre assorti
Tissu pour le passepoil
Fermeture à glissière de la longueur du
    côté arrière plus 20 cm
Mousse à la dimension voulue

Coupe

1 Prenez la dimension du rembourrage en mousse pour faire un patron en papier du haut et du bas du coussin. Ajoutez deux largeurs de couture à la largeur et à la longueur du tissu.
2 Dessinez un patron du soufflet avec fermeture à glissière de la même longueur que la fermeture plus deux largeurs de couture x la hauteur de la mousse plus deux largeurs de couture. Confectionnez un patron en papier pour le reste du soufflet en mesurant la longueur restante pour faire le tour du coussin et en ajoutant deux largeurs de couture tout autour. Il peut être nécessaire d'assembler plusieurs pans de tissu pour obtenir la longueur voulue.
3 Recoupez le tissu si nécessaire : le bord coupé doit être à angle droit par rapport à la lisière.
4 Posez le patron du dessus du coussin sur le tissu, en vous assurant que les motifs de l'étoffe sont bien centrés et que la longueur est parallèle au bord coupé du tissu. Épinglez. Répétez l'opération avec le bas du coussin.
5 Posez les patrons des pièces du soufflet sur le tissu. Vous pouvez les mettre dans le sens de la chaîne ou de la trame, selon l'effet que vous recherchez. Coupez toutes les pièces. Coupez également une deuxième fois la pièce pour le soufflet avec fermeture à glissière.

Confection et montage du passepoil

1 Coupez des bandes de 3 cm de large dans le biais du tissu prévu pour le passepoil et assemblez-les pour obtenir une longueur égale à deux fois la circonférence de la mousse du coussin, plus une marge pour les coutures. Pliez le passepoil envers contre envers dans le sens de la longueur et bâtissez.
2 À partir du milieu du dos, épinglez et bâtissez la ganse sur le dessus du coussin jusqu'au premier coin.
3 Crantez le passepoil en angle droit pour que le passage de l'angle soit net (fig. 1).
4 Continuez à bâtir la ganse en faisant le tour du coussin et en crantant les angles. Lorsque vous aurez terminé, cousez les deux bouts de la ganse ensemble.
5 Répétez les étapes 1 à 4 pour le bas du coussin.

Confection du soufflet

1 Pliez en deux dans le sens de la longueur, envers contre envers, chaque bande du soufflet avec fermeture à glissière. Bâtissez la couture sur la longueur du soufflet. Repassez.
2 Cousez la fermeture à glissière au centre et entre les deux bords repliés de chaque soufflet (fig. 2).
3 Assemblez ensuite les soufflets endroit contre endroit de manière à former un anneau. Ouvrez partiellement la fermeture.

Montage

1 Assemblez le soufflet au-dessus et au-dessous du coussin, endroit contre endroit (fig. 3), en dégageant les soufflets aux coins à angle droit. Piquez le soufflet.
2 Retournez le coussin à l'endroit et insérez le rembourrage en mousse en ouvrant la glissière tout du long. Fermez.

Jupe portefeuille

Vous pourrez mettre cette jupe ample dans un sac, la ressortir et la porter comme si elle venait d'être repassée. Elle est absolument indispensable pour les voyages. Son style et son attache seyante s'adaptent à toutes les tailles et comme son exécution est rapide, vous pourrez en confectionner plusieurs dans des tissus variés, depuis les cotons de couleur vive jusqu'aux laines unies et légères.

Fournitures

2 m de polyester en 115 cm de large
Fil à coudre assorti

Agrandissement du patron

Dessinez le patron en utilisant les mesures des croquis ci-dessous. Ou bien reportez-vous aux patrons de la page 98.

Coupe

1 dos
1 devant gauche
1 devant droit
1 parementure du devant droit
1 parementure du devant gauche
1 parementure du dos
2 liens de 84 x 7 cm

Confection des liens

Posez les liens endroit contre endroit. Coupez une extrémité des liens en pointe. Épinglez, bâtissez et piquez dans le sens de la longueur à 1,3 cm des bords coupés et jusqu'à l'extrémité effilée. Retournez à l'endroit et repassez.

Montage

1 Faites les pinces du dos, couchez-les vers le centre et repassez.

2 Assemblez le dos avec les devants. Piquez les coutures en laissant une ouverture de 2,5 cm à 2 cm du bord sur la couture de droite (fig. 1), pour l'attache. Surfilez les coutures et ouvrez-les au fer.

3 Joignez les parementures par les côtés en laissant une ouverture de 2,5 cm à 2 cm du bord du haut qui doit coïncider avec l'ouverture du dos. Ouvrez les coutures au fer. Rentrez sur 6 mm le bord inférieur de la parementure et piquez.

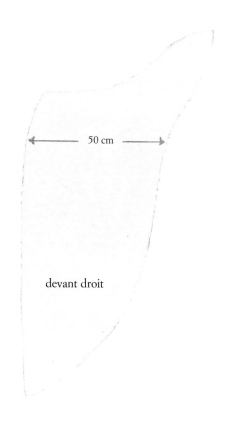

devant droit

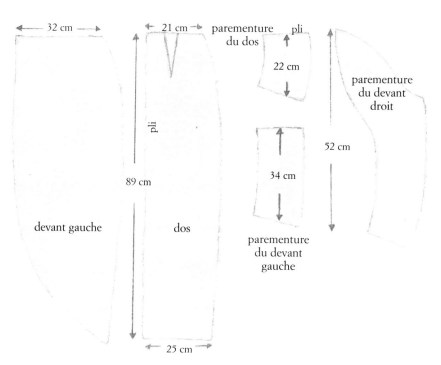

fig. 1

fig. 2

fig. 3

fig. 4

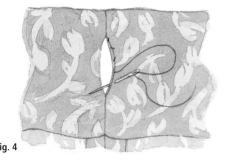

4 En plaçant bord à bord les bords coupés, épinglez, bâtissez et piquez l'attache sur la partie droite du devant gauche (fig. 2).

5 Épinglez endroit contre endroit la paramenture sur la jupe en alignant les bords coupés avec la taille et autour du petit lien (fig. 3). Alignez bien les coutures.

6 Bâtissez, piquez et repassez la paramenture. Crantez les coutures dans les courbes. Retournez la paramenture sur l'envers et repassez. Fixez l'ourlet de la paramenture sur chaque rentré de couture avec quelques points à la main.

7 Ajustez bien l'ouverture de la jupe avec celle de la paramenture. Faites à la main un petit rentré autour de l'ouverture qui vous permettra de réunir les deux épaisseurs de tissu (fig. 4).

8 Faites un ourlet de 6 mm autour du devant et du bas de la jupe.

47

Fronces et plis

Les plis, les pinces, les fronces et les coulisses sont destinés à résorber l'ampleur d'un vêtement et à réduire sa largeur. Ainsi les jupes et les pantalons peuvent avoir de l'ampleur sur les hanches tout en s'adaptant étroitement à la taille ; les rideaux peuvent n'avoir que la largeur de la tringle et tomber en plis somptueux. Avec de l'habileté et de l'imagination, ces techniques donneront du style à votre ouvrage, tout en étant fonctionnelles.

L'utilisation de triples plis pour une tête de rideau donne un résultat particulièrement spectaculaire comme le montre la portière réalisée dans ce chapitre. Les pantalons amples présentent une manière simple de retenir cette ampleur avec une coulisse. Ce rôle est assigné aux empiècements et aux poignets des chemisiers, alors que les plis peuvent n'avoir qu'un effet purement décoratif comme pour la poche à bijoux.

Après vous être familiarisé avec ces méthodes, vous pourrez réaliser toutes sortes d'ouvrages.

Fronces et plis

Les fronces sont l'une des manières les plus simples de résorber l'ampleur d'un tissu : il suffit de tirer le fil de fronces pour amener ce tissu à la longueur souhaitée. Cette méthode est employée pour les tailles des jupes, pour les têtes et les poignets des manches, les empiècements et les volants.

Pour obtenir un bon résultat, il faut travailler avec soin et mesurer, épingler et coudre les plis avec exactitude.

Fronces

On peut confectionner des fronces à la main avec un simple fil de fronces, à la machine avec un grand point droit un peu lâche ou en utilisant un pied-de-biche fronceur.

À la main

Il faut un fil très solide pour pouvoir le tirer sans le casser.

1 Coupez une aiguillée de fil ayant 10 cm de plus que la longueur du tissu que vous voulez froncer. Le fil peut vous sembler beaucoup trop long, mais il est essentiel de n'avoir qu'une seule aiguillée.

2 Arrêtez le fil d'un côté. Faites deux rangs de petits points droits à environ 6 mm de distance au-dessus et au-dessous de la couture (fig. 1). Les points doivent se superposer. Évitez de faire des fronces sur une couture.

3 Quand vous arrivez au bout, ne coupez pas le fil, mais laissez-le pendre jusqu'à ce que vous vouliez le tirer.

4 Divisez le bord froncé en parties égales et marquez ces divisions avec une épingle. Prenez la pièce de tissu plat que vous voulez coudre avec la pièce froncée et divisez-la en parties égales à celles du tissu froncé en les marquant également par des épingles.

5 Posez la pièce plate de tissu endroit tourné vers le haut et placez au-dessus la partie froncée en alignant les bords. Épinglez ensemble les deux pièces de tissu au niveau des marques des épingles. Celles-ci doivent être à angle droit par rapport au bord et ne pas gêner lorsque l'on tire le fil.

6 Maintenez ensemble les deux fils de fronces et tirez jusqu'à ce que la partie froncée ait la longueur du tissu plat. Arrimez les extrémités des fils en les enroulant autour d'une épingle.

7 Répartissez également les fronces. Rajoutez des épingles, bâtissez et piquez à la machine.

8 Ôtez les fils de fronces et le fil de bâti. Mettez le tissu à l'endroit et disposez les plis avec une épingle.

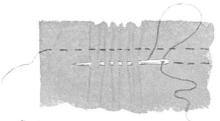

fig. 1

À la machine

La méthode de base est la même à la machine et à la main, avec quelques modifications.

● Avant de faire les deux rangs de points pour les fronces, relâchez légèrement la tension de la bobine et réglez la machine sur le point le plus long.

● Tirez les fils de la bobine ensemble aux deux extrémités (fig. 2) et arrimez-les sur les épingles.

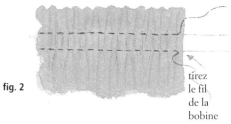

fig. 2

tirez le fil de la bobine

Coulisses et cordons

Les coulisses sont l'une des manières les plus simples de réduire l'ampleur. On introduit dans une bande de tissu un élastique, un cordon ou un ruban qui sont ensuite tirés à la longueur voulue. Les coulisses ont l'avantage de pouvoir s'ajuster ; on peut également les utiliser pour les rideaux, une tringle étant alors introduite dans la coulisse.

Coulisse élastique

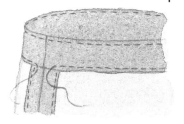

fig. 3

Une coulisse avec élastique ne s'ajuste pas aussi bien qu'une coulisse avec cordon.

1 Repliez le bord de la coulisse et bâtissez-la le long du bord du tissu. Rabattez la coulisse autour du bord coupé et bâtissez.

2 Piquez en haut de la coulisse et le long de son bord inférieur en laissant un espace (fig. 3) pour enfiler l'élastique. Positionnez cet espace sur une couture.

3 Accrochez une épingle de sécurité à une extrémité de l'élastique et enfilez-la dans la coulisse. Faites se chevaucher les extrémités de l'élastique sur 2 cm et cousez-les ensemble solidement. Refermez l'ouverture.

Coulisse avec cordon

Une coulisse avec cordon se fait comme une coulisse avec élastique mais il faut laisser une ouverture pour pouvoir nouer les cordons. Le plus simple à cet égard est de placer l'ouverture dans une couture. On peut également confectionner des œillets ou des boutonnières dans le tissu de la coulisse avant de la coudre.

Plis

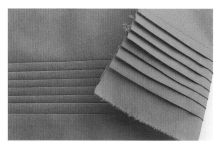

Les plis couchés résorbent l'ampleur d'une étoffe avec élégance, mais on peut également les utiliser dans un but purement décoratif. On les confectionne le plus souvent sur l'endroit du tissu, mais il est possible de les exécuter sur l'envers. En outre, on peut les coudre sur toute leur longueur ou sur une partie seulement, libérant alors l'ampleur du tissu.

Les plis sont généralement regroupés ; la diversité de leur largeur et de leur espacement est utilisée pour produire des effets différents.

Ils s'exécutent dans le droit-fil. Les plis et les coutures doivent être exactement parallèles et exigent un travail précis.

Les nervures sont de petits plis cousus extrêmement près de la pliure. On peut également les exécuter à la machine avec un pied-de-biche spécial et une aiguille double.

1 Pliez le tissu dans le droit-fil, envers contre envers.

2 Mesurez la largeur du pli à partir de la pliure et bâtissez cette ligne en prenant les deux épaisseurs d'étoffe (fig. 4) et en vérifiant les mesures tout au long. Mesurez et bâtissez tous les plis.

3 Piquez tous les plis le long du bâti. Le guide droit de votre machine vous aidera à piquer les coutures parallèlement au pli. Assurez-vous que vous piquez tous les plis du même côté : le fil du dessus de la bobine doit être sur le dessus lorsque vous repasserez les plis sur un côté.

4 Enlevez le bâti. Repassez les plis et couchez-les sur un côté (fig. 5).

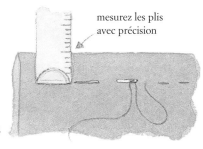

mesurez les plis avec précision

fig. 4

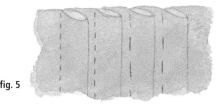

fig. 5

Pantalons à coulisse

Ces pantalons à coulisse sont faciles à confectionner et très confortables puisqu'ils peuvent s'adapter à toutes les tailles. Si vous recherchez un vêtement élégant, vous pouvez l'exécuter en soie dorée, ou choisir un tout autre tissu pour obtenir un effet différent.

Fournitures

2,50 m de soie en 115 cm de large
Fil à coudre assorti
1,50 m d'élastique en 1 cm de large
Petits carrés d'entoilage thermocollant

Agrandissement du patron

Dessinez le patron avec les mesures indiquées sur les croquis de la page 54. Vous pouvez également utiliser les schémas de la page 100.

Coupe

2 dos de pantalon
2 devants de pantalon
4 poches
2 bandes pour la ceinture

Montage des poches sur l'extérieur de la jambe

1 Posez à plat le devant du pantalon, endroit tourné vers le haut.
Posez une pièce de la poche, endroit contre endroit, alignée sur le bord supérieur et latéral du devant du pantalon.

2 Épinglez, bâtissez et piquez la pièce sur le côté du devant du pantalon à 6 mm du bord (fig. 1). Surfilez et ouvrez la couture au fer vers la poche. La pièce de la poche doit maintenant être située à l'extérieur du côté du pantalon (fig. 2).
Répétez l'opération afin de coudre l'autre pièce de la poche au dos du pantalon.

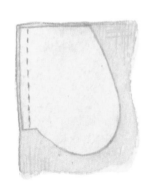

fig. 1

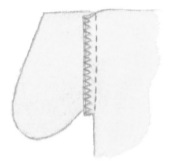

fig. 2

52

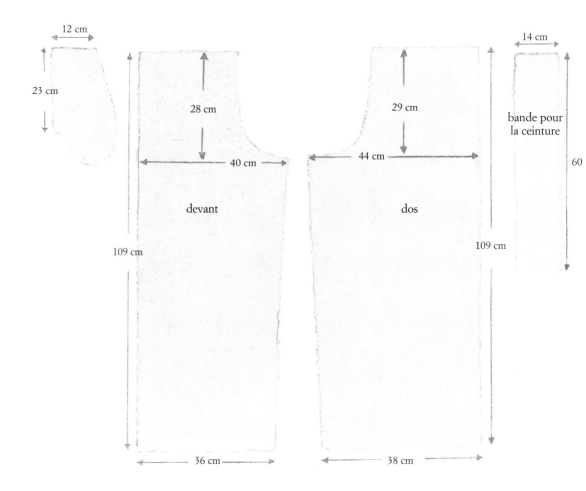

3 Posez à plat le dos du pantalon endroit tourné vers le haut. Posez par-dessus le devant du pantalon endroit contre endroit en alignant les bords extérieurs coupés des jambes et les poches. Épinglez et bâtissez ces pièces.

4 Commencez à piquer du côté des jambes sur 5 cm à partir du haut puis laissez un espace non piqué sur 15 cm pour l'ouverture de la poche, reprenez la couture et piquez jusqu'en bas de la jambe (fig. 3).
5 Piquez autour de la poche en rejoignant la couture de l'extérieur de la jambe (fig. 4).
6 Crantez la couture sous la poche pour pouvoir la coucher au fer sur le devant du pantalon. Surfilez, puis alignez le bord supérieur de la poche sur le bord supérieur de l'avant du pantalon et bâtissez-les.

Montage de l'intérieur des jambes
1 Alignez les bords coupés de chaque intérieur des jambes. Épinglez et bâtissez-les : l'arrière des jambes est plus

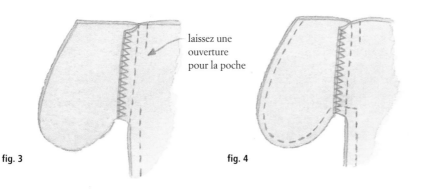

laissez une ouverture pour la poche

fig. 3

fig. 4

grand que l'avant et ne se maintiendra donc plus à plat.

2 Piquez et surfilez ces coutures à partir du haut. Repassez.

Montage de l'entrejambe

1 Placez une jambe à l'intérieur de l'autre en les posant endroit contre endroit, les coutures de l'entrejambe l'une contre l'autre. Épinglez et bâtissez l'entrejambe (fig. 5).

2 Piquez la couture de l'entrejambe et renforcez-la avec une seconde piqûre.

3 Recoupez les rentrés de couture de part et d'autre de la couture intérieure de l'entrejambe sur environ 15 cm et surjetez ou surfilez-les ensemble. Crantez la couture à partir de là et vers le haut de l'entrejambe pour pouvoir l'ouvrir. Surfilez-la.

Confection et montage de la ceinture

1 Repassez un petit carré d'entoilage sur le dos des œillets (voir patron page 100) et confectionnez deux œillets ou deux boutonnières à la main ou à la machine (fig. 6).

2 Assemblez les extrémités de la bande pour former la ceinture. On obtient un rond. Épinglez et bâtissez. D'un côté, piquez sur 1,5 cm, puis laissez une ouverture de 4 cm et piquez jusqu'au bout (fig. 7). Laissez le bâti en place.

3 Placez la bande de ceinture endroit contre endroit sur le bord supérieur du pantalon en alignant les coutures latérales du pantalon et de la ceinture. Épinglez, bâtissez et piquez la ceinture (fig. 8), puis ouvrez la couture au fer vers la ceinture.

4 Retournez la ceinture sur l'envers du pantalon. Faites un rentré sur le bord coupé de la ceinture et épinglez-le au bord de la ligne de couture. Bâtissez et cousez au point glissé. Repassez la bande de la ceinture.

5 Piquez une première couture dans la longueur de la bande de ceinture à 1,5 cm du bord supérieur, puis une deuxième à 2,5 cm. Faites trois conduits bien parallèles.

6 Enlevez le fil de bâti et passez un élastique dans les conduits du haut et du bas (fig. 9). Cousez ensemble les extrémités des élastiques et refermez les petites ouvertures.

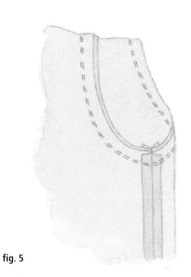

fig. 5

fig. 6

laissez une ouverture pour l'élastique

fig. 7

fig. 8

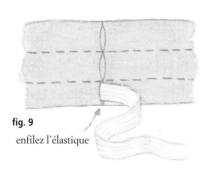

fig. 9

enfilez l'élastique

Liens

1 Coupez une bande pour le lien de 200 x 4 cm. Repliez la bande dans le sens de la longueur endroit contre endroit et piquez dans la longueur à 6 mm du bord. Retournez le lien à l'endroit. Rentrez les extrémités dans le lien et cousez-les.

2 Enfilez le lien dans le conduit central et nouez les extrémités.

Finition

Faites un ourlet de 5 cm en bas des deux jambes du pantalon. Épinglez, bâtissez et cousez au point d'ourlet.

Poche à bijoux

Cette poche à bijoux est un splendide cadeau, mais vous allez certainement vouloir en confectionner une pour vous. Le tissu utilisé ici est rayé et la coupe tire profit de cet effet. Mais on peut également employer un tissu uni, notamment une soie chatoyante. La décoration en nervures du devant de la poche lui apporte une touche élégante.

Fournitures

75 cm de tissu en 115 cm de large
Fil à coudre assorti
40 cm d'ouatine en 90 cm de large
Bouton pression

Coupe

1 Coupez les pièces suivantes en ajoutant 1,3 cm de marge pour les coutures, sauf indication contraire :
Devant de 19 x 62,5 cm
Parementure du devant de 19 x 21 cm
Dos de 19 x 21 cm
Parementure du dos de 19 x 21 cm
Feuillet intérieur de 28 x 18 cm
Poche de devant de 16,5 x 14,5 cm
Poche de derrière de 21 x 17 cm
Rabat de 9 x 21 cm
Liens de 28 x 2,5 cm plus 6 mm de largeur de couture
Rouleau de 15 x 5 cm plus 6 mm de largeur de couture
2 Coupez deux pièces de ouatine, l'une de 18 x 14 cm et l'autre de 34 x 21 cm

Confection des plis

1 Faites des plis parallèles de 6 mm dans la longueur du devant et piquez-les. Ouvrez tous les plis au fer dans la même direction. Coupez un rectangle de 19 x 21 cm dans cette pièce.
2 À 1 cm du bord, faites une piqûre parallèle au bord et perpendiculaire aux plis, dans le sens dans lequel ils ont été couchés. Faites une autre piqûre à 11 cm de l'autre bord en inclinant les plis toujours dans la même direction.
3 Couchez les plis dans la direction opposée et faites deux autres piqûres parallèles à 1 cm d'un bord et à 11 cm de l'autre bord.
4 Assemblez la pièce de l'avant et celle du dos par un grand côté. Repassez la couture.

Confection et montage des poches

1 Faites un ourlet de 1,3 cm en haut de la poche de devant. Épinglez-la, bâtissez et cousez. Faites un rentré de 1,3 cm sur les trois autres côtés et repassez.
2 Placez l'envers de la poche, son bord supérieur tourné vers le haut, sur l'endroit de la parementure du devant à égale distance de chaque bord et à 2,5 cm du bas. Épinglez-la, bâtissez et piquez en dessinant un petit triangle aux deux coins supérieurs de la poche (fig. 1).
3 Faites un ourlet sur un long côté de la poche arrière de la même manière que pour la poche avant. Faites un ourlet semblable sur l'une des longueurs du rabat.
4 Placez l'envers de la poche arrière sur l'endroit de la parementure du dos en alignant les bords coupés. Posez le rabat par-dessus, l'ourlet du rabat chevauchant l'ourlet de la poche, et les bords coupés alignés avec la parementure (fig. 2). Épinglez, bâtissez et piquez à 6 mm du bord coupé.

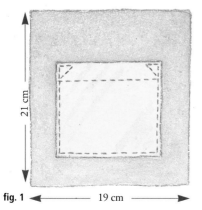

fig. 1 ← 19 cm → | 21 cm

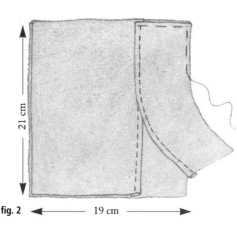

fig. 2 ← 19 cm → | 21 cm

Confection et montage du feuillet intérieur

1 Pliez la pièce en deux pour le feuillet intérieur, endroit contre endroit, dans le sens de la largeur. Mettez la petite pièce de ouatine derrière. Épinglez, bâtissez et cousez les largeurs ensemble (fig. 3), puis retournez ce feuillet et repassez.

2 Posez le feuillet sur l'endroit de la parementure du devant, en alignant les bords coupés sur la partie droite de la parementure et à égale distance du haut et du bas.

3 Endroit contre endroit et bord à bord, placez la parementure du dos (plus la poche) par-dessus la parementure du devant avec le feuillet intérieur en sandwich entre les deux. Épinglez, bâtissez et piquez sur le bord (fig. 4). Repassez.

Confection et montage du rouleau

1 Pliez le rouleau en deux dans le sens de la longueur, endroit contre endroit, et piquez à 6 mm du bord de la longueur et

sur une largeur. Retournez la pièce et bourrez-la de chutes de ouatine. Rentrez et cousez l'extrémité ouverte.

2 Placez le rouleau sur la parementure du devant entre le haut de la poche et le bord supérieur de la parementure. Cousez sur la parementure l'une des parties du bouton pression à l'endroit de l'une des extrémités du rouleau.

3 Cousez l'autre extrémité du rouleau directement sur la parementure, puis cousez sur l'autre extrémité l'autre partie du bouton pression en face de celle déjà cousue.

Confection et montage des liens

1 Pliez les liens en deux dans le sens de la longueur, endroit contre endroit et piquez à 6 mm du bord de la longueur. Retournez-les à l'endroit.

2 Bâtissez les liens au milieu de la poche, l'un à gauche, l'autre à droite de la parementure (fig. 5).

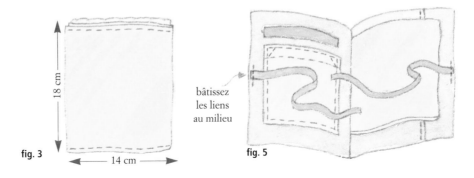

fig. 3   18 cm   14 cm

bâtissez les liens au milieu

fig. 5

fig. 4   21 cm   19 cm

Montage de la poche

1 Endroit contre endroit, placez les pièces de l'avant et de l'arrière de la poche sur le dessus de la parementure en prenant les liens en sandwich.

2 Placez la ouatine sur le dessus de l'ensemble et bâtissez le tout. Piquez à 1,3 cm du bord à travers toutes ces épaisseurs tout autour en laissant un espace de 7 cm environ pour retourner la poche. Retournez-la à l'endroit et repassez. Refermez l'ouverture.

3 Rentrez les extrémités coupées des liens et cousez-les.

Chemisiers

Les chemisiers, toujours à la mode, sont les bienvenus dans une garde-robe. Ces chemisiers légers sont en lin et en coton. On peut les confectionner simplement avec un pli dans le dos ou adapter le patron pour une chemise en batiste avec des nervures sur le devant qui ajouteront un effet décoratif, et des fronces dans le dos à la place du pli.

Chemisier classique

Une coupe simple et une toile de lin légère sont le secret de ce chemisier. Les élégantes fentes surpiquées des manches lui donnent une touche très raffinée.

Fournitures

2,50 m de lin en 115 cm de large
   ou 2 m de lin en 150 cm de large
Fil à coudre assorti
25 cm d'entoilage en 90 cm de large
11 boutons

Agrandissement du patron

Dessinez le patron en utilisant les mesures des croquis de la page 63. Ou agrandissez les schémas de la page 102.

Coupe

Dans le tissu
1 dos
2 empiècements du dos
1 devant gauche, 1 devant droit
2 manches, 2 cols
2 poignets, 2 pattes
Dans l'entoilage
1 col, 2 poignets

Confection du pli

1 Marquez le centre du dos. Mesurez et marquez 2,5 cm de part et d'autre du centre. Le tissu étant à l'endroit, faites le pli en repliant le tissu à l'intérieur à partir du centre.
2 Repassez et bâtissez le pli en le prenant dans la couture (fig. 1).

Confection du dos

1 Alignez endroit contre endroit le bas de l'empiècement du dos sur le bord supérieur du dos. Épinglez et bâtissez.
2 Placez l'endroit de la seconde pièce d'empiècement (la parementure) contre l'envers du dos : le dos est pris en sandwich entre les deux pièces d'empiècement (fig. 2). Épinglez, bâtissez et piquez pour assembler ces trois épaisseurs. Ouvrez au fer la couture vers l'empiècement.
3 Faites un ourlet de 6 mm au bas de la pièce du dos.

Confection du devant

1 Prenez le devant droit et pliez la bande de boutonnage sur l'endroit en suivant les lignes de pliure. Épinglez, bâtissez et piquez la bande sur l'endroit du devant.
2 Prenez le devant gauche et pliez la bande à l'envers en suivant les pliures.
3 Épinglez, bâtissez et piquez pour assembler le haut du devant et le haut de l'empiècement, endroit contre endroit. Couchez les coutures au fer vers l'empiècement.
4 Ramenez la parementure de l'empiècement sur le devant. Faites un rentré de couture et cousez l'empiècement. Assemblez au point de bâti les deux pièces de l'empiècement avec l'encolure et l'emmanchure.
5 Faites un ourlet de 6 mm au bas de la pièce du devant.

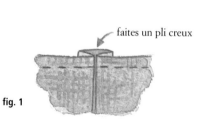

faites un pli creux

fig. 1

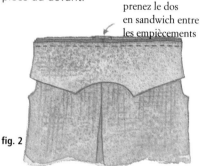

prenez le dos en sandwich entre les empiècements

fig. 2

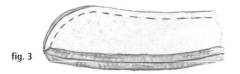

fig. 3

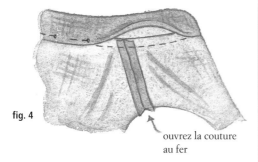

fig. 4

ouvrez la couture
au fer

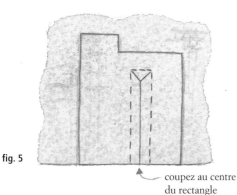

fig. 5

coupez au centre
du rectangle

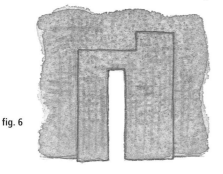

fig. 6

62

Confection et montage du col

1 Épinglez et bâtissez l'entoilage du col sur une pièce du col.

2 Faites un rentré de couture au bas de la seconde pièce du col et repassez-le.

3 Épinglez, bâtissez et piquez en assemblant les pièces du col, endroit contre endroit, et en laissant le bord inférieur ouvert (fig. 3). Repassez. Retournez le col et repassez.

4 Les pièces étant endroit contre endroit, épinglez, bâtissez et cousez le bord non replié du col au bord de l'encolure du chemisier. Ouvrez la couture au fer vers le col. Épinglez l'autre bord du col qui est replié sur les points que vous venez de faire. Bâtissez, piquez et surpiquez tout autour du col (fig. 4).

Confection et montage des manches

1 Pour chaque manche, faites un rentré de 1 cm pour la couture le long des deux bords latéraux et le long du bord supérieur de la patte et repassez.

2 Placez l'endroit de la patte sur l'envers de la manche, à l'endroit marqué pour la patte. Dans la partie la plus courte de la patte, faites au point devant un rectangle de 2 x 12 cm à 4 cm du bord le plus court de la patte. Coupez ce rectangle au centre en vous arrêtant à 6 mm du haut et crantez les angles jusqu'à la couture (fig. 5).

3 Faites passer la patte sur l'endroit de la manche et ouvrez la couture au fer vers la patte (fig. 6).

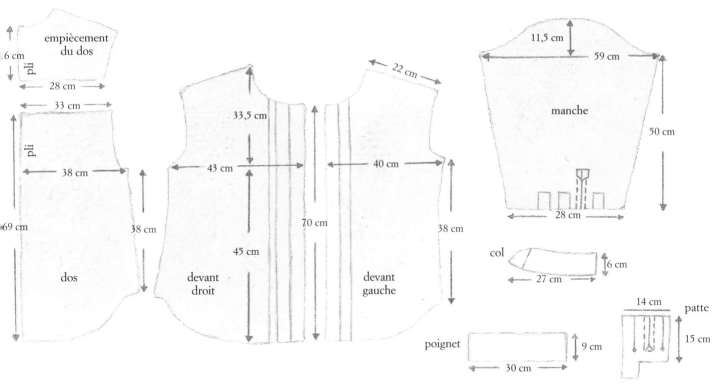

empiècement du dos
6 cm
pli
28 cm

33 cm
pli
38 cm
38 cm
69 cm
dos

33,5 cm
43 cm
70 cm
45 cm
devant droit

22 cm
40 cm
38 cm
devant gauche

11,5 cm
59 cm
manche
50 cm
28 cm

col
6 cm
27 cm

14 cm
patte
15 cm

poignet
9 cm
30 cm

4 Pliez en deux dans le sens de la longueur la partie la plus courte de la patte et cousez son bord replié sur la couture pour former la sous-patte (fig. 7). Faites de même pour la partie plus longue de la patte, qui formera la patte proprement dite. Épinglez et cousez le bord supérieur de la patte à la manche (fig. 8).

5 Faites trois plis de 1,5 cm de profondeur au bord inférieur de la manche, un au-dessous de la fente de la manche et deux au-dessus (voir schéma page 102). Bâtissez les plis.

6 En plaçant les tissus endroit contre endroit, épinglez, bâtissez et piquez les manches au corps du chemisier. Ouvrez la couture au fer vers la manche et surpiquez.

7 Assemblez les côtés du corps du vêtement depuis l'ourlet du bas jusqu'à l'emmanchure.

Confection et montage des poignets

1 Épinglez et bâtissez l'entoilage du poignet sur l'envers de la pièce pour le poignet. Pliez le poignet en deux dans le sens de la longueur endroit contre endroit. Faites un rentré de couture au fer sur une longueur du poignet.

2 Assemblez les petites extrémités du poignet et cousez-les. Retournez le poignet à l'endroit et repassez.

3 Épinglez, bâtissez et cousez bord à bord le côté du poignet qui n'a pas été plié sur l'endroit de la manche. Ouvrez la couture au fer vers le poignet.

4 Cousez le bord plié du poignet sur l'envers de la manche, sur la couture. Surpiquez le tour du poignet.

Finitions

Faites les boutonnières que vous répartirez également le long de la bande de boutonnage de l'avant et sur les poignets et la patte. Cousez les boutons en face des boutonnières.

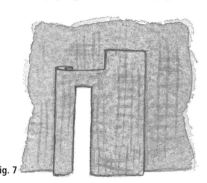

fig. 7

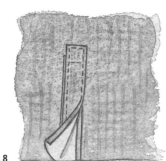

fig. 8

Chemisier à nervures

Pour obtenir une finition de qualité, il faut exécuter les nervures avec précision. Assurez-vous de les mesurer et de les piquer avec exactitude.

Fournitures

2,50 m de batiste en 115 cm de large
   ou 2 m de batiste en 150 cm de large
Fil à coudre assorti
25 cm d'entoilage en 90 cm de large
11 boutons

Agrandissement du patron

Dessinez le patron en utilisant les mesures indiquées sur les croquis ci-dessous et à la page 63. Vous pouvez également vous référer aux schémas de la page 102.

Coupe

Dans le tissu
1 dos
2 empiècements du dos
2 devants
2 manches
2 cols
2 poignets
2 pattes
Dans l'entoilage
1 col
2 poignets

Confection du dos

1 Faites des fronces sur une longueur de 15 cm le long du bord supérieur du dos en tirant sur les deux extrémités du fil de fronces. Le bord supérieur du dos doit s'adapter au bord inférieur de l'empiècement. Épinglez endroit contre endroit le bas de l'empiècement au bord supérieur froncé du dos (fig. 1).
2 Suivez les instructions 2 et 3 concernant le dos du chemisier classique.

Confection du devant

1 Faites 5 nervures de 6 mm de large et à 1 cm de distance dans la longueur du devant du chemisier en commençant à 13 cm du bord (fig. 2).
2 Suivez les étapes 1 à 5 des instructions concernant le devant du chemisier classique.

Finitions

Pour la confection et le montage du col, des manches, des poignets, des boutonnières et des boutons, suivez les instructions concernant le chemisier classique.

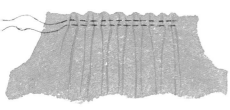

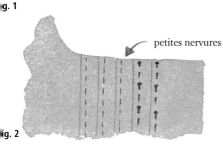

g. 1

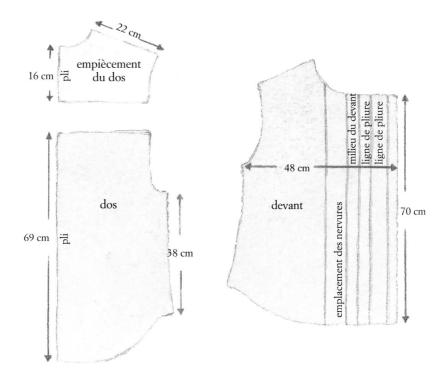

petites nervures

ig. 2

empiècement du dos

22 cm

16 cm

pli

dos

69 cm

pli

38 cm

devant

48 cm

milieu du devant

ligne de pliure

ligne de pliure

emplacement des nervures

70 cm

Plis

Les plis servent d'abord à résorber l'ampleur d'un tissu. Le secret de leur réussite dépend du soin pris pour leur mesure, leur marquage et leur exécution.

Les plis sont parfois formés puis attachés sur un morceau de tissu plus petit par une couture. On peut les laisser tomber doucement sans les coudre. Si l'on souhaite que leur forme soit bien marquée, on peut les repasser sur toute leur longueur. Il est également possible de les coudre en partie. Les plis des rideaux ne sont généralement pas couchés, mais sont formés sur la tête du rideau, puis partiellement cousus sur leur longueur pour les maintenir en place.

Il y a plusieurs sortes de plis : les plis en lame de rasoir, les creux et les plats, utilisés pour les vêtements, et les plis ronds, en tuyau d'orgue ou triples qui servent presque exclusivement pour les rideaux et les tissus d'ameublement.

Plis saillants

Ces plis ne sont pas couchés mais se dressent fièrement sur le tissu. Ils ne conviennent pas pour la confection de vêtements et sont presque exclusivement utilisés pour les têtes de rideaux.

On peut acheter des rubans plisseurs qui se cousent sur le tissu et permettent de former des plis lorsque l'on tire sur les extrémités des cordons. Cependant, pour finir des plis de manière plus élégante, il vaut mieux les confectionner à la main. Cela demande beaucoup de travail et de savoir-faire, mais le résultat obtenu vaut bien l'effort accompli.

Pour estimer la largeur de tissu nécessaire à la confection de plis à la main, calculez 2 à 2 fois 1/2 la largeur de l'ouvrage fini. Une longueur de bougran - bande d'étoffe apprêtée de 12 cm de hauteur - est cousue sur le haut du rideau pour lui donner plus de tenue.

Plis ronds

Les plis ronds sont de petits plis régulièrement espacés à la tête d'un rideau. La forme cylindrique est maintenue par un entoilage lourd qui leur conserve cette forme.

1 Mesurez et marquez l'emplacement des plis. Il faut généralement 9 cm de tissu pour un pli rond. Répartissez les plis tous les 12 cm.
2 Repliez les plis, envers contre envers, à l'extrémité supérieure du rideau en alignant bien les bords et les marques des plis. Épinglez les plis.

3 Piquez parallèlement au bord des plis, de la partie supérieure du bord du rideau jusqu'à 1,5 cm en dessous du bord du bougran (fig. 1).
4 Donnez une forme cylindrique à chaque pli. Coupez une pièce d'entoilage de la circonférence du pli. Roulez l'entoilage et glissez-le dans le pli (fig. 2) pour l'aider à conserver sa forme.

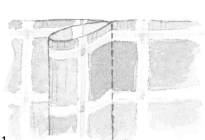

fig. 1

fig. 2

Plis en tuyau d'orgue

Confectionnés comme les plis ronds, ils sont cependant plus larges. Le bas de chaque pli est pincé et attaché. Le pli est alors rembourré pour lui donner une forme bien ronde. L'effet final est très élégant ; ces plis sont utilisés pour donner un peu plus d'allure aux rideaux. Ces rideaux ne sont pas faciles à tirer, il vaut mieux les laisser fermés et les maintenir ouverts grâce à des embrasses.

1 Mesurez et marquez l'emplacement des plis. Il faut généralement 14 cm de tissu pour former ces plis. Répartissez les plis tous les 14 cm.

2 Confectionnez les plis comme pour le 2 et 3 des plis ronds (fig. 3).

3 Pincez le bas de chaque pli et cousez-le avec un fil solide. Donnez à la partie supérieure du pli la forme d'un tuyau d'orgue (fig. 4).

4 Remplissez cette coupe avec un rembourrage pour lui donner une belle forme ronde.

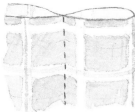

fig. 3

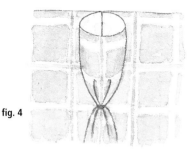

fig. 4

Plis creux

À la différence des plis ronds et des plis en tuyau d'orgue, les plis creux sont plats. Ils conviennent à la fois aux tissus d'ameublement et à la confection de vêtements. On peut les inclure dans une bande qui maintient ou les confectionner après avoir terminé la tête de rideau. On les laisse quelquefois tomber librement, mais on peut les coudre sur une partie de leur longueur pour produire un effet plus formel. Les plis tailleur sont repassés sur toute leur longueur et attachés en bas.

1 Préparez la tête de rideau. Mesurez et marquez l'emplacement des plis. Pour un pli de 5 cm de large, comptez 10 cm. Répartissez-les tous les 10 cm.

2 Formez les plis comme aux étapes 2 et 3 des plis ronds (fig. 5).

3 Posez les plis à plat en plaçant la couture au milieu du pli (fig. 6). Repassez les plis de part et d'autre de la couture et bâtissez-les.

4 Si les plis sont cousus sur une bande, posez-la maintenant, sinon cousez à la main chaque pli de manière définitive le long de la couture faite à la machine.

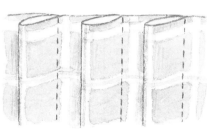

fig. 5

placez la couture au milieu du pli

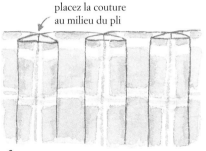

fig. 6

Portière

Doubler une cotonnade avec une lourde toile de lin donne à une portière l'épaisseur qu'il faut pour qu'elle ne semble ni trop lourde ni trop raide. Une bordure maintient ensemble les deux tissus et d'élégants triples plis sont cousus à la main sur la partie supérieure du rideau. Laissez retomber le rideau sur le sol, ou accrochez-le sur un côté par une jolie embrasse en tissu.

Fournitures

Toile de lin unie (pour la coupe, voir ci-dessous)
Tissu à carreaux pur coton (pour la coupe, voir ci-dessous)
Bougran de 12 cm de haut, d'une longueur égale à la largeur du rideau déplié
Fil à coudre assorti
Crochets de rideaux

Coupe

1 Mesurez la largeur de la porte et ajoutez 18 cm par pli. Coupez autant de panneaux des deux tissus qu'il vous faut, pour qu'une fois assemblés vous obteniez la largeur requise en tenant compte des plis.

2 Pour la parementure du haut, coupez dans la toile de lin unie le même nombre de panneaux de tissu que pour le rideau, de 26 cm de haut.

3 Pour border l'extérieur du rideau, coupez 2 pièces de toile de lin unie de 9 cm de haut x la longueur du rideau plus 6 cm pour les coutures, et 1 pièce de 9 cm de haut x la largeur du rideau plus 9 cm pour les coutures.

Montage

1 Assemblez les largeurs de la toile de lin avec des coutures rabattues pour former une seule pièce. Répétez l'opération avec la cotonnade.
Posez la toile de lin endroit tourné vers le haut, puis placez la cotonnade par-dessus l'endroit également tourné vers le haut. Épinglez et bâtissez les deux parties du rideau en alignant les coutures.

2 Prenez la parementure, assemblez ses longueurs par des coutures simples. Posez l'endroit de la parementure sur l'endroit du haut du rideau en alignant les coutures. Épinglez, bâtissez et piquez-les. Retournez la parementure et repassez en maintenant la couture bien au bord.

3 Placez le bougran entre le rideau et la parementure. Repliez le bord inférieur de la parementure autour du bougran et épinglez.

4 Mesurez et marquez l'emplacement des plis de 18 cm de large en les espaçant régulièrement d'environ 12 cm le long du bord supérieur du rideau. Confectionnez un triple pli à chaque marque.

5 Pour faire un pli, repliez le bord supérieur du rideau, envers contre envers, en vous assurant que les bords supérieurs et les marques des plis sont bien alignés. Épinglez les plis.

6 Piquez parallèlement aux bords repliés du pli, du bord supérieur du rideau jusqu'à 1,5 cm au-dessous du bord du bougran (fig. 1).

7 Prenez le bord replié du pli entre votre pouce et votre index en haut du rideau et amenez ce bord le long de la ligne de couture. Vous obtenez trois plis qui doivent être égaux.

8 Pliez ces 3 plis dans leur longueur. Surjetez le bas de chaque pli, puis le haut du pli, là où la pliure rencontre la piqûre à la machine (fig. 2).

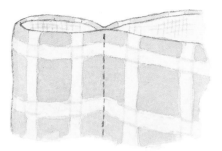

fig. 1

fig. 2

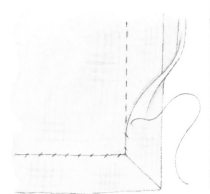

fig. 3

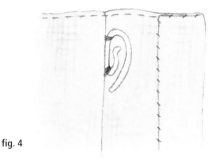

fig. 4

Confection et montage de la bordure

1 Pliez les bordures en deux dans le sens de la longueur, envers contre envers, et repassez. À l'une des extrémités de chaque bordure de côté, alignez le bord coupé de la bordure sur la ligne de pliure. Repassez, puis dépliez et coupez les angles le long de la pliure repassée. Répétez l'opération pour couper en diagonale les deux angles de la bordure du bas.

2 La bordure étant dépliée, placez les angles en onglet endroit contre endroit. Épinglez, bâtissez et piquez-les ensemble à 1,5 cm des bords coupés. Repassez les coutures jusqu'au bord. Repliez la bordure en deux et repassez.

3 Placez un bord de la bordure sur le rideau endroit contre endroit, en positionnant la bordure à 3 cm du bord extérieur du rideau. Ajustez les coutures en onglet aux coins de la base du rideau. Épinglez, bâtissez et piquez la bordure au rideau. En bas du rideau, la bordure formera un angle droit bien net.

4 Repliez le second bord de la bordure sur l'envers du rideau et faites un point à la main à l'envers, à la même hauteur que l'autre couture (fig. 3). Repassez.

Finitions

1 À l'extrémité supérieure du rideau, rentrez les bords coupés de la bordure en les alignant sur le haut du rideau et cousez-les au point glissé.

2 Cousez à la main les crochets à l'envers du rideau, à 4 cm de son bord supérieur en plaçant un crochet derrière chaque pli (fig. 4).

3 Donnez un dernier coup de fer et accrochez le rideau à une tringle en bois ou en métal.

Finitions, attaches et bordures

En ajoutant des détails décoratifs différents, donnez une touche plaisante à vos ouvrages. Vous pouvez par exemple les compléter par des pompons, des franges, ou une élégante bordure. Ce sont ces savants détails qui confèrent à un travail fait à la maison la qualité d'une exécution professionnelle.

Ces finitions souligneront l'élégance de certains tissus et contribueront à valoriser votre savoir-faire. Vous découvrirez dans ces pages comment faire confiance à votre imagination pour choisir une manière inventive d'attacher coussins et vêtements, de donner un petit côté amusant à une cantonnière festonnée colorée et de nouer des rubans pour former de complexes motifs floraux.

Boyaux et brides

Un boyau (ou queue de rat) est un tube étroit coupé dans le plein biais, qui est retourné à l'endroit. Son épaisseur peut varier selon l'utilisation que l'on en fait et le type de tissu. Il peut être plat si l'on aplatit les coutures, ou plein et rond si on laisse les coutures lui donner du volume.

Il a de nombreux usages. On peut l'utiliser par exemple comme lacet pour les chemises et la lingerie, ou le tresser ; il peut remplacer une cravate ou former un nœud seyant. Mais c'est en tant que bride qu'il est le plus couramment employé. Si vous en confectionnez beaucoup, achetez un accessoire qui permet de retourner le boyau : il facilite bien la vie.

Boyau

Pour confectionner un boyau ferme et rond, rembourrez-le avec ses rentrés de couture qui, non recoupés et rentrés à l'intérieur, lui donneront du volume.

1 Coupez une bande de tissu dans le plein biais de la longueur finale souhaitée et de quatre fois la largeur finale nécessaire.
2 Pliez le tissu en deux dans le sens de la longueur, endroit contre endroit. Piquez la bande en étirant le tissu au fur et à mesure.
3 Si vous avez un accessoire pour retourner un boyau, utilisez-le pour le mettre à l'endroit. Sinon, enfilez les fils de la piqûre à la machine dans un passe-lacet (fig. 1) et utilisez-le pour retourner le boyau à l'endroit (fig. 2).

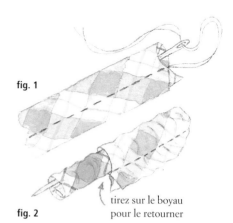

fig. 1

fig. 2

tirez sur le boyau
pour le retourner

Boyau gansé

Un boyau est beaucoup plus solide et régulier s'il est enfilé sur une ganse. On peut utiliser toutes les largeurs de ganses. Si le tissu est très fin, il vaut mieux le mettre sous double épaisseur, ou le doubler avec un autre tissu, pour que la forme de la ganse ne se voie pas.

1 Coupez une bande de tissu dans le plein biais, comme pour le boyau ci-dessus.
2 Coupez une ganse de l'épaisseur voulue et de deux fois la longueur du biais. Placez le milieu de la ganse à l'extrémité droite de la bande en biais.
3 Entourez la ganse de la bande de tissu. Piquez cette bande dans sa

largeur à travers la ganse pour l'amarrer (fig. 3). Utilisez le pied pour fermeture à glissière ou le pied ganseur pour piquer la bande dans sa longueur, près de la ganse.
4 Retournez la bande en en faisant passer une partie par-dessus l'autre (fig. 4) et coupez l'excès restant.

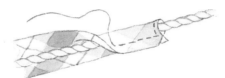

fig. 3

fig. 4

Brides   Les brides constituent une alternative séduisante aux boutonnières. Les plus fines sont utilisées pour la lingerie ou les vêtements de nuit, et les plus importantes pour les vestes ou les housses de coussins. Les brides peuvent avoir une taille et une épaisseur très différentes selon l'usage que l'on en fait, le tissu employé et la conception de l'article. Visibles ou cachées, elles peuvent être confectionnées à partir de cordons, d'un boyau gansé, d'une ganse, d'un ruban fin ou d'un galon.

Bride unique

On peut utiliser une bride unique sur une veste de tailleur élégante et classique à la place d'une boutonnière. Elle est alors généralement plus grande et plus épaisse que les brides d'une rangée. On attache le plus souvent la bride unique au bord sans s'aider d'un patron en papier. Posez et cousez directement la bride unique.

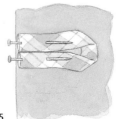

1 Confectionnez une petite longueur de boyau et épinglez-le sur l'endroit du vêtement (fig. 5), les bords coupés de la bride alignés sur le bord du vêtement.
2 Cousez le long de la couture, puis placez la parementure.

fig. 5

Rangée de brides

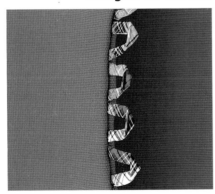

Une rangée de brides sur le devant ou le dos d'une robe de bal ou de mariée avec des boutons boule recouverts du même tissu est d'une élégance raffinée. Vous pouvez soit espacer les brides, soit les grouper par deux ou trois en laissant un espace entre les groupes. Elles sont également du meilleur effet sur une manchette ou une ceinture large.

1 Confectionnez un boyau très étroit d'environ trois fois la longueur de la rangée de brides.
2 Prenez un papier un peu rigide de la même longueur que cette rangée et marquez la taille et l'espacement des brides. Dessinez la ligne de couture.
3 Épinglez les brides sur le papier, puis piquez en assemblant les brides avec le

papier (fig. 6).
4 Placez le papier avec les brides sur l'endroit du tissu, les brides étant tournées vers l'intérieur.
5 Piquez le papier et les brides sur la couture existante (fig. 7). Déchirez le papier. Finissez les brides en ajoutant une parementure (fig. 8).

fig. 6

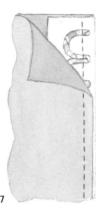

fig. 7

fig. 8

Bordures

Un ourlet très étroit roulé à la main est certainement la manière la plus élégante de finir le bord de tissus très fins tels que les soies légères, les mousselines de soie et le crêpe Georgette. Il n'y a rien de mieux également pour un foulard en soie.

Les bordures sont une autre manière de bien terminer un ouvrage. Elles peuvent être en tissu assorti ou contrastant, très étroites ou très larges, selon l'ouvrage entrepris et le tissu utilisé.

Ourlet roulotté

Sa confection n'est pas facile à maîtriser, mais avec un peu de temps et de patience, vous serez récompensé de votre effort. Si vous avez du mal à commencer à rouler l'ourlet, il peut être utile de faire une rangée de points à la machine près du bord du tissu, puis de couper très près. Cela confère une certaine stabilité au bord et facilite le roulé.

1 Coupez nettement le bord du tissu. S'il s'effiloche, recoupez-le au fur et à mesure que vous faites l'ourlet.
2 Posez le tissu envers face à vous et roulez-le vers vous entre vos doigts, en un très petit ourlet.
3 Enfilez une aiguille avec un fil de soie de bonne qualité et faites un point glissé alternativement dans l'ourlet et dans le tissu (fig. 1).

4 Continuez à rouler le bord avec la main gauche tout en cousant avec la main droite.

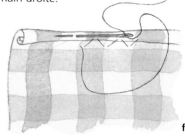

fig. 1

Ourlet bordé

On peut choisir la largeur et la couleur de la bordure pour qu'elle s'adapte parfaitement à l'ouvrage en cours. Par exemple, la bordure d'un sous-vêtement en soie sera étroite et probablement d'une couleur assortie, alors que celle d'un couvre-lit matelassé sera assez large et d'une couleur contrastée.

Si la bordure doit couvrir un bord bien droit, elle peut être coupée dans le droit-fil, mais s'il y a des courbes, elle doit être coupée dans le biais.

1 Coupez les bandes de la bordure de la longueur nécessaire, soit dans le droit-fil, soit dans le biais. La largeur des bandes doit être de deux fois la largeur de la bordure, plus deux rentrés de couture.
2 Placez endroit contre endroit le bord de la bordure et le bord du tissu. Épinglez, bâtissez et piquez la bordure (fig. 2).

3 Retournez la bordure sur l'envers en entourant le bord du tissu. Rentrez l'extrémité de la bordure et placez-la contre la couture à la machine. Épinglez et bâtissez.
4 Faites l'ourlet à la main le long de la couture. Repassez.

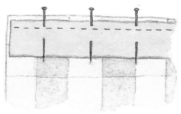

fig. 2

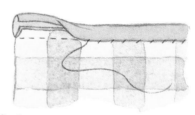

fig. 3

Angles rentrants

1 Renforcez et crantez le coin.

2 Endroit contre endroit, piquez la bordure sur le bord du tissu, en faisant pivoter l'aiguille au coin. Continuez ainsi jusqu'au bout (fig. 4).

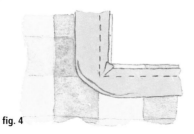

fig. 4

Angles sortants

1 Endroit contre endroit, piquez la bordure au bord du tissu jusqu'au coin. Enlevez le travail de la machine à coudre.

2 Repliez la bordure sur elle-même pour qu'elle fasse un angle au coin. Continuez à piquer à partir du coin, depuis l'endroit où vous venez de vous arrêter jusqu'au

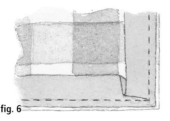

fig. 6

3 Confectionnez un onglet sur l'endroit de la bordure, puis retournez le travail et faites la même chose de l'autre côté.

4 Cousez à la main la bordure sur l'envers le long de la couture faite à la machine et cousez les onglets (fig. 5).

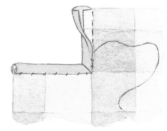

fig. 5

bout (fig. 6). Repassez la bordure et couchez la couture vers le bord.

3 Repliez la bordure en passant par-dessus le bord du tissu. Rentrez l'extrémité coupée de la bordure et cousez-la sur l'envers du tissu sur la piqûre, à la machine.

4 Formez les onglets aux angles et cousez-les (fig. 7).

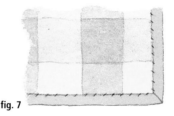

fig. 7

Bordure avec double biais

Une bordure à six épaisseurs est très élégante et permet de finir les bords des vêtements de manière soignée. Comme elle comporte six épaisseurs de tissu, le tissu de la bordure doit être fin et doux. C'est la finition idéale pour le bord de l'encolure d'un chemisier sans col.

1 Coupez la bordure dans le plein biais du tissu à la longueur voulue. La bande doit avoir six fois la largeur de la bordure finie.

2 Pliez en deux la bordure dans le sens de la longueur et envers contre envers. Repassez légèrement.

3 Préparez un rentré de couture sur le vêtement qui soit un peu moins large que celui de la bordure.

4 Placez endroit contre endroit les bords coupés de la bordure sur le bord du tissu : épinglez et bâtissez-les.

5 Piquez.

6 Passez la bande par-dessus le bord coupé du vêtement. Faites un point glissé sur l'envers du vêtement le long de la ligne de couture à la machine (fig. 8).

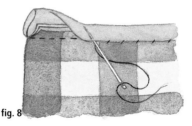

fig. 8

77

Finitions

Des finitions décoratives peuvent égayer les modèles les plus simples et leur donner de l'attrait. Les merceries regorgent d'idées de toutes sortes : rubans, galons, broderie anglaise, franges, glands, ganses… Vous pouvez également confectionner vous-même plusieurs accessoires différents, qui répondront exactement à vos souhaits.

Cordelettes

Les cordelettes ont de nombreux usages : on peut mettre un gland à leur extrémité, s'en servir pour tirer des stores ou certains interrupteurs électriques ; elles finissent joliment le bord des coussins ou le haut des rideaux. Il existe de nombreuses cordelettes sur le marché, de couleurs et d'épaisseurs différentes, mais ce ne sont pas nécessairement celles que vous cherchez. En les confectionnant vous-même, vous êtes assuré d'obtenir exactement ce que vous voulez. Plusieurs types de cordelettes peuvent être faits à la main.

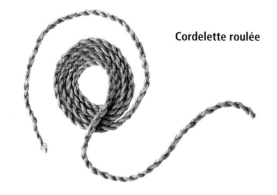

Cordelette roulée

Rien n'est plus facile à faire qu'une cordelette roulée. On peut modifier son épaisseur et sa texture en utilisant différents fils.

1 Coupez autant de brins de fils que nécessaire pour obtenir l'épaisseur de cordelette que vous voulez, chacun de trois fois la taille de la cordelette voulue.
2 Nouez les brins ensemble aux deux extrémités et accrochez une extrémité autour d'un crochet ou d'une poignée de porte. Étirez fortement la cordelette et mettez un crayon entre les brins de fil à l'autre extrémité.
3 En gardant les brins tendus, faites

tourner le crayon dans le sens des aiguilles d'une montre (fig. 1), jusqu'à ce que la torsion des brins soit très forte.
4 Laissez toujours la cordelette tendue. Prenez les brins tordus par le centre et repliez-les en deux. Prenez une extrémité de la cordelette dans chaque main (fig. 2).
5 Lâchez l'extrémité repliée. La cordelette tournera sur elle-même (fig. 3). Attachez solidement les extrémités nouées.

faites tourner le crayon

fig. 1

pliez en deux

fig. 2

fig. 3

Cordelière à la main

On peut confectionner à la main une cordelière composée d'une chaîne de boucles. Introduisez les boucles de fil les unes dans les autres et l'une après l'autre. Tirez les boucles avec vos doigts. Ce processus nécessite un peu de réflexion et de pratique, mais il est facile à exécuter. On peut utiliser deux fils de la même couleur ou obtenir des effets avec des fils de couleurs différentes.

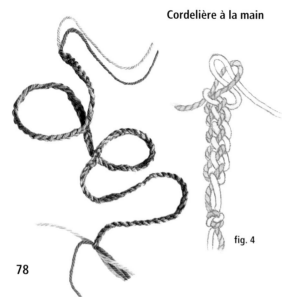

1 Nouez deux fils ensemble à une extrémité. Prenez le nœud entre le pouce et l'index de votre main droite.
2 Faites une boucle avec le fil de gauche en le passant autour de l'index de votre main gauche. Tenez cette extrémité du fil entre votre majeur et votre annulaire.
3 Avec votre main droite, insérez l'index dans la boucle et faites-y passer une

boucle de l'autre brin, puis bloquez l'extrémité de ce brin entre le majeur et l'annulaire de votre main droite.
4 Prenez maintenant cette boucle avec votre main gauche et lâchez la boucle que tenait votre index droit en tirant fortement le brin pour former la corde.
5 Répétez les opérations 2 à 4 jusqu'à ce que la corde ait la longueur voulue (fig. 4).

fig. 4

Travail avec rubans

C'est une méthode simple et très efficace pour décorer un ouvrage. Comme les rubans sont tissés, ils ont des lisières qui ne s'effilochent pas et ils peuvent être posés en une seule épaisseur sur le tissu. Une partie de leur intérêt tient à ce qu'ils ne sont pas dans le biais du tissu : ils ne forment donc pas des angles nets et ne sont pas plats. Cela donne un effet de volume et de mouvement au travail.

1 Dessinez un motif sur du papier de soie. Il doit être très libre et assez simple. Posez le papier de soie, motif visible, sur l'endroit du tissu.

2 Épinglez soigneusement le ruban sur le motif dessiné sur le papier de soie, en plaçant les épingles perpendiculairement au ruban. Laissez beaucoup de ruban dans les courbes.
3 Bâtissez le ruban sur le tissu. Cousez avec soin les deux bords du ruban, soit au point devant, soit avec un petit point zigzag.
4 Lorsque le ruban doit être coupé, rentrez l'extrémité du ruban et cousez-la sur le tissu. Lorsque tout le motif a été cousu, déchirez le papier de soie.

On obtient un effet différent si l'on coud le ruban sur le tissu par une seule piqûre au centre du ruban (fig. 5), ce qui lui permet de se recourber autour de la piqûre et d'avoir ainsi plus de relief.

piquez au centre du ruban

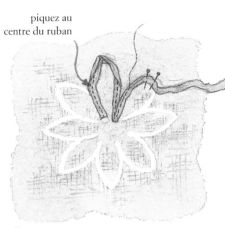

fig. 5

Ajout d'une décoration plate

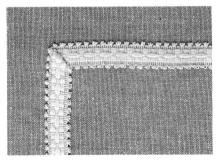

Une ganse, un ruban et une cordelette peuvent être surpiqués rapidement sur un tissu, soit pour décorer une housse de coussin, soit pour faire le tour d'une nappe ou d'un napperon.

1 Épinglez et bâtissez le ruban à l'endroit, parallèlement au bord de l'ouvrage, jusqu'au premier coin. Cousez le bord extérieur sur le tissu.
2 Au niveau de l'angle, repliez le ruban sur ce que vous venez de piquer. Partez de cet angle et faites une piqûre en diagonale sur les deux épaisseurs du ruban. Coupez ce qui dépasse très près de la couture (fig. 6).
3 Pliez le ruban sur la couture et posez-le jusqu'à l'angle suivant comme vous venez de le faire. Pour finir, joignez les extrémités du ruban. Piquez le long du bord intérieur du ruban (fig. 7) pour qu'il tienne bien.

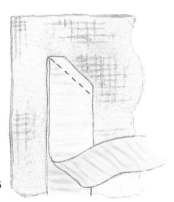

fig. 6

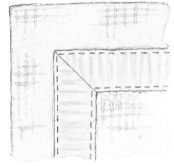

fig. 7

Franges

Les franges terminent joliment un bord. Elles peuvent se faire soit à partir du tissu même, soit en ajoutant une bordure. Les glands et les pompons apportent également une note décorative. Ils sont tous faciles à exécuter dans une diversité de tissus et de couleurs de fils.

Tissu effrangé

Il suffit d'enlever les fils de la chaîne ou de la trame du bord d'un tissu. Cela ne peut pas se faire avec tous les tissus : la laine et le lin sont indiqués, car ils sont tissés avec régularité. Mais il est toujours prudent de faire auparavant un essai sur un morceau de tissu. On peut ainsi confectionner rapidement une fine écharpe en laine.

1 Assurez-vous que le bord du tissu est coupé absolument droit.

2 Décidez de la hauteur de votre frange et piquez une rangée de points à la machine à cette hauteur pour vous assurer que la frange ne la dépassera pas.

3 Avec une épingle, enlevez soigneusement les fils du tissu, en partant du bord extérieur et en allant vers l'intérieur, jusqu'à ce que vous ayez atteint la piqûre que vous venez de faire. Repassez la frange pour la rendre égale.

Frange de confection

Les franges de confection comportent souvent une bordure supérieure destinée à être vue. Cousez simplement à la main la frange sur le bord du tissu. Vous pouvez aussi faire deux rangées de points. Il est également possible de prendre une frange en sandwich dans une couture et de la piquer avec celle-ci. Aux extrémités, rentrez la frange et cousez-la solidement pour lui éviter de se défaire.

Frange nouée

Les franges nouées se confectionnent avec toutes sortes de tissus et de fils. On peut utiliser la laine, la soie, le coton et la rayonne, mais pour obtenir de meilleurs résultats, il est préférable d'assortir le type et la grosseur du fil au tissu.

1 Coupez une bande de carton de la hauteur de la frange. Passez les brins de fil autour du carton.

2 Avec des ciseaux aiguisés, coupez quelques brins de fil (fig. 1).

3 Prenez un petit crochet et passez-le à travers le tissu. Prenez un ou plusieurs brins de fil et attrapez-le(s) au crochet (fig. 2). Puis tirez le crochet et le(s) brin(s) de fil de l'autre côté du tissu, attrapez les extrémités coupées du fil avec le crochet et passez-les dans la boucle (fig. 3). Faites un nœud solide.

4 Répétez l'opération tout au long de la bordure du tissu, en utilisant toujours le même nombre de brins de fil ou de laine (fig. 4). Si le fil est épais, il vaut mieux n'en prendre qu'un brin à la fois.

On peut ajouter une série de nœuds en nouant la moitié des brins d'un nœud avec la moitié des brins du nœud voisin. Si la frange est longue, on peut le faire plusieurs fois. Il faudra une longueur de fil plus importante pour faire les nœuds supplémentaires : faites donc un essai pour calculer celle-ci auparavant.

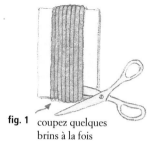

fig. 1   coupez quelques brins à la fois

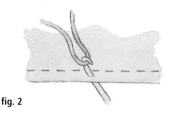

fig. 2

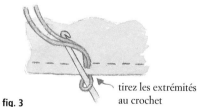

fig. 3   tirez les extrémités au crochet

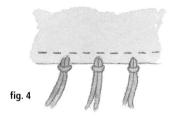

fig. 4

Glands

Les glands, accessoires traditionnels, sont utilisés de diverses manières : seuls, ils permettent de tirer stores ou fermetures à glissière, ou bien de décorer les coins des coussins. Alignés, ils peuvent former une frange décorative.

1 Enroulez une longueur de fil autour d'un carton de la hauteur du gland que vous voulez confectionner. Si vous faites plusieurs glands, comptez le nombre de tours de fil pour vous assurer que les glands auront tous la même taille.
2 Enfilez une aiguille à tapisserie avec un très long fil et faites une rangée de points arrière à une petite distance du haut des fils enroulés.

3 Tenez bien le carton et coupez les fils le long du bas (fig. 5). Enlevez le carton, vous obtenez un petit rideau de fils.
4 Si vous l'attachez à une cordelette, faites un nœud à la cordelette et enroulez le rideau de fils autour de ce nœud. On peut le rembourrer pour grossir la tête du gland.
5 Faites plusieurs points qui attachent le nœud et le haut du rideau de fils. Serrez la base de la tête du gland en faisant plusieurs tours de fils à un tiers de la hauteur au-dessous du nœud.
6 Enfilez une aiguille épointée avec du fil assorti ou contrastant et faites une rangée de points de feston cousus assez lâchement autour de la tête du gland. Faites une seconde rangée de points de feston que vous prendrez dans la première.
7 Continuez ainsi (fig. 6) jusqu'à ce que la tête soit bien ronde. Attachez le fil lorsque la tête du gland est entièrement recouverte.

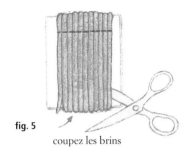

fig. 5

coupez les brins

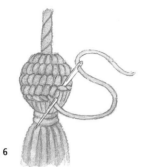

fig. 6

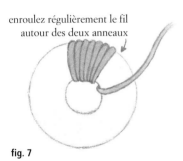

Pompons

Les pompons ont un effet purement décoratif et sont très amusants à faire. Comme les glands, on peut s'en servir pour égayer le cordon d'un store ou d'un petit interrupteur. On peut les confectionner avec la plupart des laines ou des fils à broder. Les enfants adorent faire des pompons et c'est une bonne occupation pour les jours pluvieux.

Si vous confectionnez plusieurs pompons de la même taille, comptez le nombre de tours que vous avez faits autour de l'anneau pour qu'ils soient tous pareils.

1 Coupez deux cercles de carton de la taille voulue. Découpez un petit cercle au centre de chacun, d'environ un quart de la taille du cercle originel.
2 Placez les anneaux en carton l'un sur

l'autre et enroulez la laine autour en la faisant passer par le centre (fig. 7), jusqu'à ce que le trou central soit plein.
3 Faites passer la lame d'une paire de ciseaux bien aiguisés entre les deux anneaux de carton et coupez la laine tout autour du bord extérieur (fig. 8).
4 Prenez une autre longueur de laine (assez longue pour attacher le pompon) et glissez-la entre les deux cartons. Faites un nœud serré pour attacher les brins de laine au centre des anneaux.
5 Enlevez les anneaux de carton et secouez le pompon. Arrondissez le pompon en coupant les brins de laine qui seraient trop longs.

enroulez régulièrement le fil
autour des deux anneaux

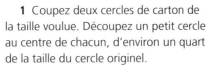

coupez
les brins
de laine entre
les deux cercles
de carton

fig. 7

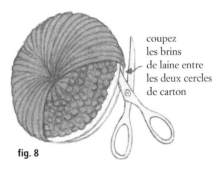

fig. 8

81

Écharpes estivales

Les écharpes ne se portent pas seulement en hiver. Elles peuvent ajouter une touche élégante à une tenue d'été, si l'on utilise des tissus fins et légers de couleur douce. La première écharpe avec ses poches est jolie et fonctionnelle. Elle combine agréablement la toile de lin et la mousseline de soie. Elle est plaisamment effrangée, ce qui lui apporte une finition soignée. La longue écharpe associe deux couleurs de mousseline de soie.

Écharpe avec poches

Fournitures

70 cm de toile de lin en 150 cm de large
60 cm de mousseline de soie en 150 cm de large
Fil à coudre assorti

Coupe

1 Coupez deux pièces de toile de lin et 2 pièces de mousseline, chacune de 30 cm x 115 cm.
2 Coupez deux bandes de toile de lin de chacune 30 cm x 4 cm.

Montage

1 Joignez endroit contre endroit les deux pièces de toile de lin par une de leurs largeurs. Faites de même avec les deux pièces de mousseline. Repassez.
2 Faites dans la longueur de chaque bande de toile de lin un petit point zigzag à 2,5 cm de l'un des bords. Effrangez au-dessous de ces points.
3 Placez endroit contre endroit une bande avec franges contre une largeur des pièces en lin assemblées. Piquez à 1,5 cm du bord (fig. 1) et répétez l'opération à l'autre extrémité.
4 Placez endroit contre endroit la mousseline sur le dessus de la toile de lin. Épinglez la mousseline, bâtissez et piquez à 1,5 cm du bord, en laissant une ouverture pour retourner l'écharpe. Surfilez et repassez.
5 Retournez l'écharpe à l'endroit et fermez l'ouverture au point glissé. Rabattez 2,5 cm des extrémités frangées sur la mousseline. Repassez.
6 Repliez le lin sur 20 cm aux extrémités de l'écharpe pour former une poche. Assemblez les côtés de la poche (fig. 2).

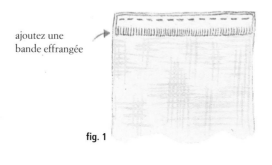

ajoutez une bande effrangée

fig. 1

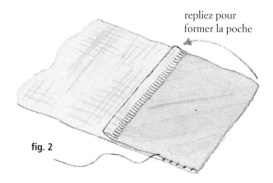

repliez pour former la poche

fig. 2

Écharpe en mousseline

Fournitures

45 cm de mousseline de soie en 150 cm de large
45 cm de mousseline de soie en 150 cm de large de couleur contrastante
Fil à coudre assorti

Montage

1 Épinglez et bâtissez endroit contre endroit les deux pièces de mousseline.
2 Piquez tout autour en laissant une très petite ouverture sur une largeur pour retourner l'écharpe. Surfilez les coutures si nécessaire. Repassez.
3 Retournez l'écharpe à l'endroit, refermez l'ouverture par un point glissé.

On peut également ne couper qu'une longueur de tissu et la terminer par un roulotté.

Écharpes d'hiver

Les écharpes ne sont pas nécessairement longues et flottantes. Voici deux écharpes seyantes, qui peuvent convenir à un homme ou à une femme. Elles utilisent peu de tissu et sont à la fois confortables et élégantes. La première combine panne de velours et velours de coton, alors que notre écharpe col est en velours de laine.

Étole croisée

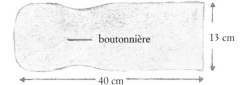

boutonnière

13 cm

40 cm

Fournitures
50 cm de panne de velours en 115 cm de large
50 cm de velours de coton en 115 cm de large
Fil à coudre assorti

Agrandissement du patron
Dessinez le patron en utilisant les mesures indiquées ci-contre.

Coupe
Dans la panne de velours
2 pièces
Dans le velours de coton
2 pièces

Montage et finition
1 Épinglez, bâtissez et piquez endroit contre endroit une largeur d'une pièce en panne de velours et une largeur d'une pièce en velours de coton. Ouvrez la couture au fer.

2 Faites la même couture sur les deux autres pièces de tissu, en laissant une ouverture de 5 cm au centre pour retourner le tissu (fig. 1). Ouvrez la couture au fer.

3 Placez endroit contre endroit les pièces que vous venez d'assembler en mettant les deux velours différents l'un en face de l'autre. Épinglez, bâtissez et piquez tout autour (fig. 2).

4 Retournez à l'endroit grâce à la petite ouverture que vous avez laissée. Assurez-vous que les coutures sont bien au bord de l'étole et repassez. Fermez l'ouverture.

5 Faites une boutonnière de 5 cm de long au centre de l'étole et à 6 cm d'une extrémité (fig. 3).

Écharpe col

40 cm

11,5 cm

Fournitures
40 x 30 cm de velours de laine
40 x 30 cm de soie pour doubler
Fil à coudre assorti
1 bouton

Agrandissement du patron
Dessinez un patron avec les mesures indiquées sur le croquis ci-contre.

Coupe
Dans le tissu
2 pièces
Dans la doublure
2 pièces
1 bande de 10 x 2 cm dans le biais

Montage
1 Faites un boyau avec la bande de doublure et retournez-le à l'endroit. Pliez le boyau pour former une bride. Épinglez et bâtissez ses bords coupés le long du bord droit du tissu, sur 6 cm.

2 Assemblez les largeurs des deux pièces de velours. Coupez 3 cm le long du bord droit de la doublure, puis assemblez ces deux pièces par leur largeur.

3 Endroit contre endroit, épinglez, bâtissez et piquez à la machine pour assembler la doublure au velours le long du bord droit, en insérant le boyau.

4 Alignez les bords coupés de la partie courbe du velours et de la doublure. Une petite partie du velours dépassera sur l'envers. Épinglez, bâtissez et piquez tout autour en laissant une petite ouverture pour retourner l'écharpe.

5 Retournez l'écharpe à l'endroit et placez la couture courbe bien au bord sur le bord droit, le tissu du dessus passera ainsi sur l'arrière. Fermez l'ouverture au point glissé.

Finition
Cousez un bouton à gauche pour correspondre à la bride, en vous assurant que les bords inférieurs de l'écharpe sont alignés.

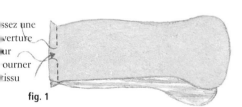

ssez une
verture
ur
ourner
tissu

fig. 1

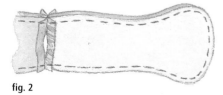

fig. 2

fig. 3

Cantonnière festonnée

Cette cantonnière amusante peut égayer n'importe quelle pièce avec ses pompons, notamment une chambre d'enfants. Choisissez un tissu de couleur vive avec un motif qui se prête à cet usage. Mesurez la longueur de la cantonnière et la taille que doivent avoir les pointes triangulaires pour qu'elles s'insèrent juste dans la longueur. La hauteur de la cantonnière ci-contre est d'environ 55 cm.

Fournitures

Tissu de la largeur de la cantonnière plus deux fois la largeur de couture x hauteur souhaitée de la cantonnière plus 11,5 cm pour retourner. Il vous faudra peut-être assembler deux pièces de tissu pour la largeur

Fil à coudre assorti

Tissu pour la doublure de la même taille que l'autre tissu

Carton pour le patron

Laines de couleurs variées pour les pompons

Coupe et préparation du tissu

Posez bien droit le tissu et la doublure. Coupez-les à la longueur voulue. Joignez les largeurs par des coutures simples si nécessaire, en ouvrant les coutures au fer.

Montage

1 Placez la doublure sur la table, endroit vers le haut et posez le tissu par-dessus endroit contre endroit, en alignant les bords coupés.

2 Décidez de la taille de vos pointes et confectionnez un patron en carton de l'une des pointes. Essayez de tenir compte du motif du tissu pour l'ajuster aux pointes. Vous pouvez avoir à ajuster la taille de la cantonnière en fonction des pointes.

3 Placez-vous sur l'envers du tissu et dessinez toutes les pointes triangulaires. Bâtissez ensemble le tissu et la doublure près de cette ligne. Piquez le long de cette ligne et sur les côtés de la cantonnière.

4 Coupez le tissu en excédent à 6 mm de la couture pour le retourner (fig. 1). Crantez les angles. Retournez la cantonnière à l'endroit et repassez.

5 Bâtissez le bord supérieur en prenant le tissu et la doublure pour les maintenir ensemble. Rabattez le bord supérieur sur 10 cm et bâtissez le long du pli. Rentrez le bord coupé sur 1,5 cm, épinglez, bâtissez et cousez ce bord (fig. 2).

Finitions

1 Faites des pompons en suivant les indications de la page 81 et cousez-les à l'extrémité des pointes en alternant les couleurs (fig. 3).

2 Enfilez la cantonnière sur une tringle ou attachez-la aux anneaux de rideau.

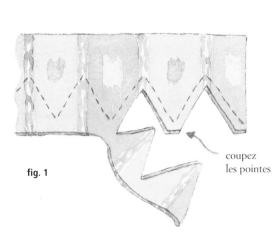

fig. 1

coupez les pointes

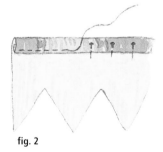

fig. 2

fig. 3

cousez un pompon à chaque pointe

Veste

Il est toujours utile d'ajouter à une garde-robe une veste ample avec une large bordure, car selon ce dont vous avez besoin, elle peut vous habiller avec une touche d'élégance ou de décontraction. Vous pourrez, selon le tissu choisi, confectionner une veste soit pour tous les jours, soit pour le soir avec le même patron.

Fournitures

2,70 m de tissu en 115 cm de large
Fil à coudre assorti
1,20 m d'entoilage en 90 cm de large
Bordure en biais (facultatif)

Agrandissement du patron

Dessinez le patron en utilisant les mesures des croquis ci-contre. Ou bien reportez-vous à la page 104 et agrandissez le patron à partir des schémas.

Coupe

Dans le tissu
2 devants
1 dos
2 manches
2 poches
2 bandes de devant
2 doublures pour les bandes de devant
Dans l'entoilage
2 bandes de devant

Confection et montage des poches

1 Pour que le bord supérieur des deux poches soit propre, faites un surjet ou rentrez le bord coupé et cousez-le.

2 Retournez endroit contre endroit le haut de la poche sur 2,5 cm. Cousez les côtés de ce pli sur la poche (fig. 1). Repassez.

3 Sur l'envers de la poche, rentrez les largeurs de couture des 3 bords coupés, en faisant des angles en onglet. Bâtissez.

4 Placez les poches sur les pièces du devant à 6 cm du bord et à 9 cm du bas. Épinglez, bâtissez et piquez les poches.

Il peut être utile d'ajouter de l'entoilage au pli du haut de la poche pour lui donner un peu de tenue. Vous pouvez également replier ce bord de façon à ce qu'il se voie à l'endroit et coudre les poches au point glissé si vous ne voulez pas que les coutures de la poche soient visibles.

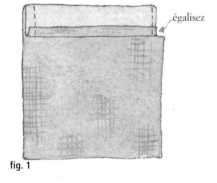

égalisez

fig. 1

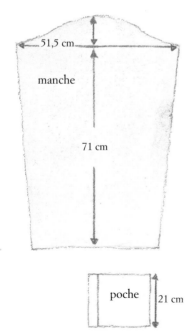

manche

51,5 cm

71 cm

poche — 21 cm

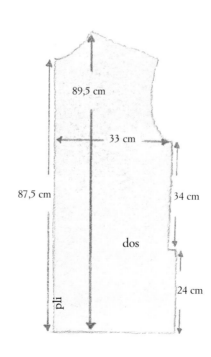

89,5 cm

33 cm

87,5 cm

34 cm

dos

24 cm

pli

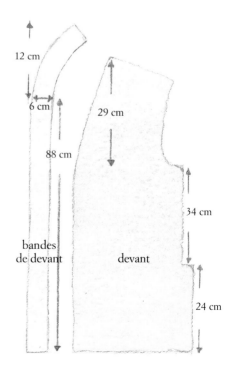

12 cm

6 cm

88 cm

29 cm

bandes de devant

devant

34 cm

24 cm

Montage de la bande du devant

1 Épinglez, bâtissez et piquez les coutures des épaules de la veste (fig. 2).
2 Endroit contre endroit, épinglez l'entoilage avec la bande de devant. Assemblez les deux parties de la bande par la largeur et posez la couture au centre du dos (fig. 3), en alignant, endroit contre endroit, les bords coupés de la bande et ceux du dos. Assemblez les doublures de la bande et posez, endroit contre endroit, les bords de la doublure sur les bords extérieurs de la bande. Faites correspondre les coutures au centre du dos.
3 Épinglez, bâtissez et cousez la doublure à la bande du devant.
4 Placez l'endroit de la bande de devant contre l'endroit de la veste. Épinglez-les, bâtissez et piquez le long des devants et autour de l'encolure. Retournez la doublure sur l'envers et cousez-la au point glissé sur la couture à la machine, en laissant quelques centimètres non cousus en bas (fig. 4).

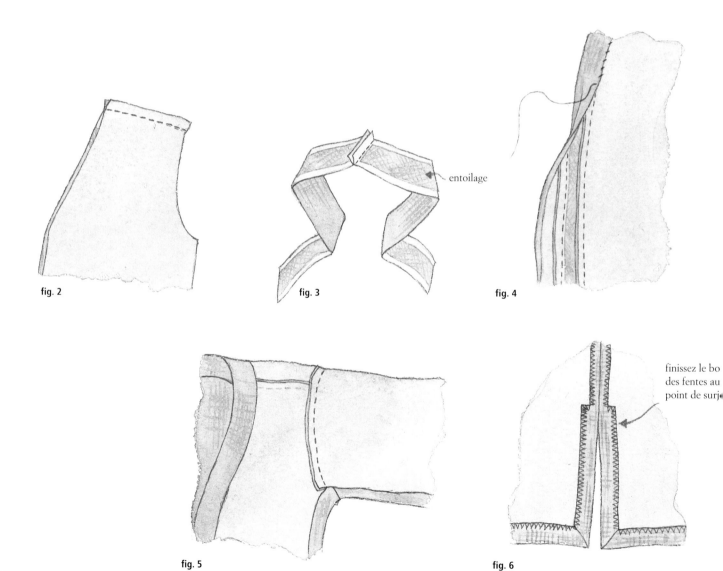

fig. 2

entoilage

fig. 3

fig. 4

fig. 5

finissez le bo
des fentes au
point de surj

fig. 6

Montage des manches

1 Posez les manches contre la veste, endroit contre endroit. Épinglez, bâtissez et piquez chaque manche en alignant le centre du haut de la manche avec la couture de l'épaule (fig. 5). Surjetez la couture ou ajoutez-lui une bordure en biais.

2 Assemblez chaque couture du côté de la veste et la couture de la manche en une étape. Laissez une fente de 23 cm en bas du côté de la veste. Ouvrez la couture au fer et finissez les bords au point de surjet ou au point zigzag. Faites de même pour les largeurs de couture de la fente (fig. 6).

3 Rentrez 12 cm au bas de chaque manche et faites une piqûre à la machine ou un point glissé. Repliez ce bord pour faire un revers.

Finitions

Ouvrez la bande de devant et recoupez si nécessaire le bord de l'ourlet de la doublure de la bande. Rentrez l'ourlet sur 2,5 cm et faites un point glissé. Faites également un point glissé pour maintenir le revers de la fente et le bas des bandes de devant.

Coussins

Les coussins les plus faciles à confectionner sont ceux que l'on peut coudre rapidement sans leur ajouter d'attaches compliquées. Pour y parvenir avec chic et panache, on peut couper et assembler tissus et accessoires avec de savantes coutures, ou utiliser certaines astuces de couture à la machine qui permettent d'obtenir un résultat rapide. Utilisez votre imagination pour ajouter un choix d'attaches originales et vous obtiendrez une housse parfaite pour un coussin.

Coussin triangulaire

Deux parties triangulaires se rabattent sur le devant de ce coussin inhabituel et s'attachent pour maintenir le rembourrage. Mélangez et assortissez le tissu uni et rayé pour lui donner un chic très moderne.

(schémas : dos — 52 cm, 52 cm, 30 cm ; devant — 53,5 cm, 52 cm, 31,5 cm, rabat)

Fournitures

60 cm de tissu d'ameublement en coton uni en 150 cm de large
Un carré de 55 cm de côté de tissu d'ameublement en coton rayé
Fil à coudre assorti
Un coussin carré de 50 cm de côté
Bouton ou autre attache décorative

Agrandissement du patron

Dessinez le patron en utilisant les mesures indiquées sur les schémas ci-contre.

Coupe

Dans le tissu uni
1 dos
2 rabats
Dans le tissu rayé
1 devant

Montage

1 Posez un rabat sur un côté du devant endroit contre endroit ; épinglez et bâtissez (fig. 1).
Ne les piquez que sur 5 cm à partir de chaque bord et ouvrez la couture au fer. Faites un ourlet de 6 mm sur le rentré de couture du devant.
2 Placez l'autre rabat endroit contre endroit sur l'autre côté du devant. Piquez sur toute la largeur et ouvrez-la au fer.
3 Posez, endroit contre endroit, le dos sur le devant avec rabats. Épinglez, bâtissez et piquez à 1,5 cm des bords tout autour (fig. 2). Retournez la housse de coussin à l'endroit.
4 Épinglez, bâtissez et surpiquez la housse, sur le bord du rabat du côté qui s'ouvre à l'avant et sur le devant de

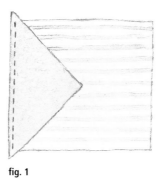

fig. 1

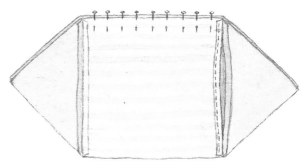

fig. 2

l'autre côté. Piquez près des coutures des deux côtés.
5 Insérez le rembourrage dans la housse et attachez les deux rabats sur le devant avec un bouton.

Coussin à quatre coins

De savantes finitions permettent de s'adapter aux rayures de ce coussin en suivant la forme du rabat, de sorte que ces rayures s'ajustent bien au centre, là où la housse s'attache.

Fournitures

60 cm de tissu d'ameublement en coton uni en 150 cm de large
60 cm de tissu d'ameublement en coton rayé en 150 cm de large
Fil à coudre assorti
Boutons ou autres attaches décoratives
Un coussin carré de 50 cm de côté

Agrandissement du patron

Dessinez le patron avec les mesures de la page 92.

Coupe

Dans le tissu uni
1 devant et 4 rabats
1 parementure de 52 cm x 16 cm
Dans le tissu rayé
1 dos et 8 demi-rabats - comptez une marge pour les coutures

Montage

1 Assemblez les demi-rabats par paires, en ajustant le motif sur la couture centrale. Ouvrez les coutures au fer.
2 Piquez endroit contre endroit les rabats rayés sur les rabats unis, avec des marges de couture de 1,5 cm et en laissant le bord inférieur ouvert. Retournez le tout sur l'endroit. Repassez.
3 Faites un ourlet de 6 mm sur une longueur de la parementure. Puis un autre sur une largeur de l'avant.
4 Posez le dos, endroit tourné vers le haut. Épinglez et bâtissez les rabats en mettant le tissu rayé en-dessous sur chaque côté de la pièce du dos. Placez l'avant par-dessus, endroit contre les rabats, en alignant les bords coupés et le bord ourlé contre la couture d'un côté.
5 Placez la parementure, endroit tourné vers le bas, sur le bord ourlé du devant en alignant le bord coupé sur le bord coupé du dos. Piquez tout autour. Retournez la housse à l'endroit.
6 Insérez le coussin, pliez les rabats pour qu'ils se rejoignent au centre et attachez le coussin avec un bouton décoratif.

Coussin avec brides

Bien que le devant de ce coussin ait l'air d'être maintenu avec de petits boutons, ce n'est qu'une illusion. L'ouverture du dos est semblable à celle du coussin aux rubans de la page 96.

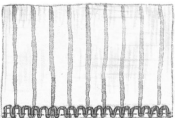

fig. 1

fig. 2

Fournitures

60 cm de tissu d'ameublement en coton rayé en 150 cm de large
1,20 m de ruban bleu marine en 1 cm de large
Fil à coudre assorti
Un coussin carré de 50 cm de côté
18 boutons

Coupe

Coupez dans le tissu rayé 2 dos de 53 cm x 28,5 cm chacun, 1 devant de 53 cm x 36 cm et 1 devant de 53 cm x 20 cm.

Montage

1 Faites un point de bâti à 1,5 cm du bord dans la longueur de la plus grande pièce du devant. Pliez le ruban en deux dans le sens de la longueur, épinglez et piquez les bords. Avec ce cordon, faites 18 brides de 3 cm le long du bord bâti du devant. Vérifiez que les brides soient de longueurs égales et régulièrement disposées. Épinglez et bâtissez-les (fig. 1).
2 Posez endroit contre endroit la petite pièce du devant sur celle qui a les brides. Épinglez, bâtissez et piquez les deux devants le long du bord avec bride, en insérant les brides dans la couture. Ouvrez celle-ci au fer en couchant les brides sur la petite pièce de l'avant (fig. 2).
3 Montez le dos en suivant les étapes 5 et 6 suivies pour le coussin aux rubans page 96. Cousez à la main des boutons à l'intérieur de chaque bride sur le devant pour donner l'impression qu'ils servent à attacher la housse.

Coussin aux rubans

Le dos de ce coussin comporte des rabats qui se replient soigneusement l'un sur l'autre pour former une ouverture qui permet de glisser le coussin à l'intérieur de la housse rapidement et facilement. Le ruban décoratif est cousu un peu au hasard en forme de fleurs et constitue également une bordure extérieure. Le motif souple ainsi composé fait beaucoup d'effet.

Fournitures

Papier de soie
60 cm de tissu d'ameublement en coton
    uni en 150 cm de large
Environ 10,60 m de ruban uni en 1,5 cm
    de large
Fil à coudre assorti
Un coussin carré de 50 cm de côté

Agrandissement du patron

Dessinez les motifs des fleurs que vous trouverez page 97 et reportez-les 8 fois sur du papier de soie.

Coupe

Dans le tissu uni, coupez 2 dos de 53 x 28,5 cm chacun et 1 devant de 53 x 53 cm.

Montage

1 Dessinez légèrement une ligne à 6 cm du bord extérieur tout autour du devant. Commencez dans un angle, posez le centre du ruban sur cette ligne, puis épinglez et piquez au centre du ruban. Faites une boucle à chaque angle et cousez-la. Au dernier angle, coupez le ruban, rentrez l'extrémité coupée et cousez-la.

2 Disposez à votre gré les 8 motifs de fleurs sur le devant du coussin. Épinglez et bâtissez-les en diagonale en passant au centre de chaque fleur.

3 Coupez approximativement 1 m de ruban pour chaque fleur. Posez le ruban sur le contour du motif et cousez la fleur au milieu du ruban. Variez la forme et la taille des fleurs pour que chacune soit légèrement différente.

4 Lorsque toutes les fleurs sont cousues, déchirez doucement le papier de soie. Coupez environ 15 cm de ruban pour le cœur de chaque fleur : cousez le ruban en son milieu et enroulez-le autour du cœur pour former un cercle étroit. Rentrez l'extrémité du ruban.

5 Faites sur l'envers un ourlet de 6 mm sur une longueur de chaque pièce du dos. En plaçant l'endroit vers le haut, superposez sur 8 cm les bords ourlés des deux pièces du dos. Épinglez et bâtissez-les.

6 Placez endroit contre endroit le devant et le dos. Épinglez, bâtissez et piquez-les tout autour du bord extérieur en laissant 1,5 cm de largeur de couture. Enlevez le fil de bâti du centre du dos et retournez le tout à l'endroit. Repassez. Insérez le coussin par l'ouverture du dos.

Les patrons

Vous trouverez dans les pages suivantes les patrons et les plans de coupe dont vous aurez besoin pour les ouvrages un peu complexes. Ces diagrammes complètent les instructions données pour la jupe portefeuille, pour les pantalons à coulisse, les chemisiers et la veste.

Motif de fleur pour le coussin aux rubans

Jupe portefeuille

Les dimensions données page 46 et les pièces du patron réduit (ci-contre) correspondent à une taille 40. Comme la jupe se drape sur le devant, ces dimensions conviendront également pour le 42. Si vous voulez confectionner une jupe pour une taille plus grande, ajoutez 1,3 cm à chaque couture latérale. Pour réduire la jupe, enlevez 1,3 cm.

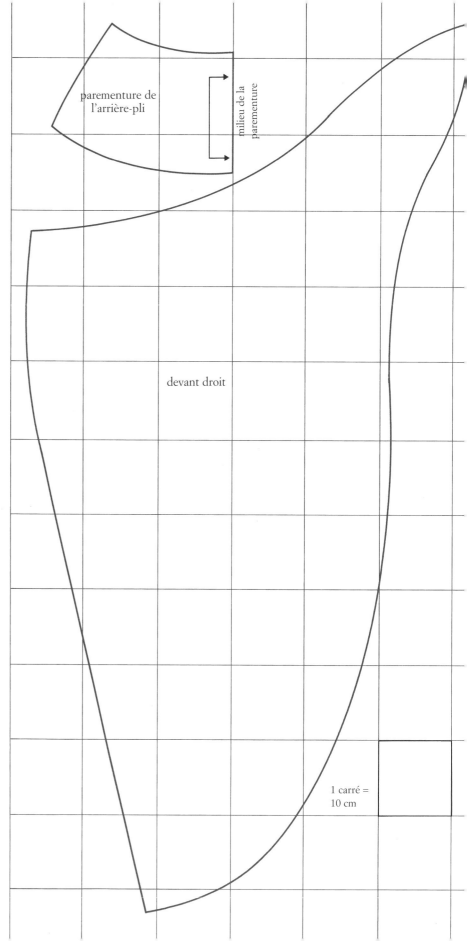

paramenture de l'arrière-pli

milieu de la paramenture

devant droit

1 carré = 10 cm

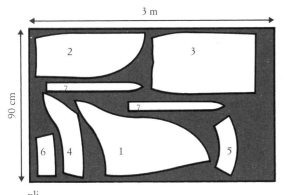

3 m

90 cm

pli

plan de coupe

    1 devant droit
    2 devant gauche
    3 dos
    4 paramenture du devant droit
    5 paramenture du devant gauche
    6 paramenture du dos
    7 liens

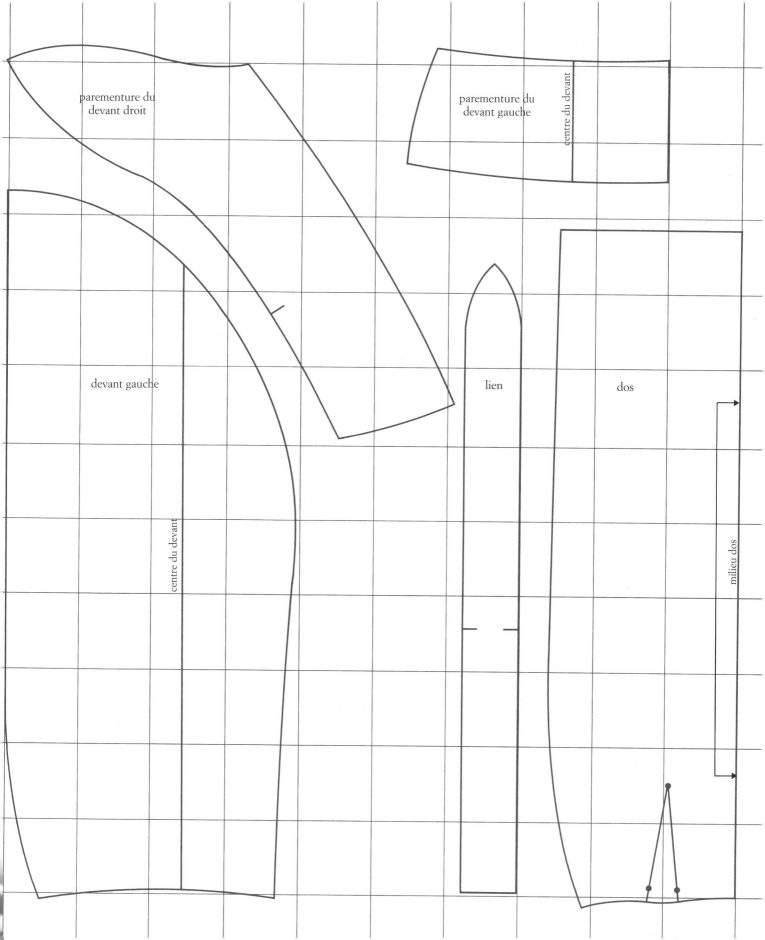

parementure du
devant droit

parementure du
devant gauche

centre du devant

devant gauche

lien

dos

centre du devant

milieu dos

Pantalons à coulisse

Les dimensions données page 54 et les pièces du schéma ci-contre correspondent à une taille 42-44. Mais comme ces pantalons sont amples, ils doivent convenir à presque toutes les tailles. Avant de couper le patron, vérifiez néanmoins la longueur des jambes qui peut avoir besoin d'être ajustée.

1 carré = 10 cm

bande pour la ceinture

œillets

poche

droit-fil

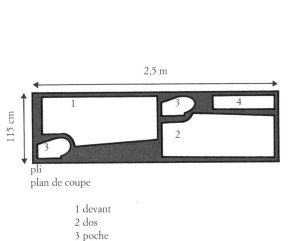

2,5 m

115 cm

1

3

4

2

3

pli
plan de coupe

1 devant
2 dos
3 poche
4 bande pour la ceinture

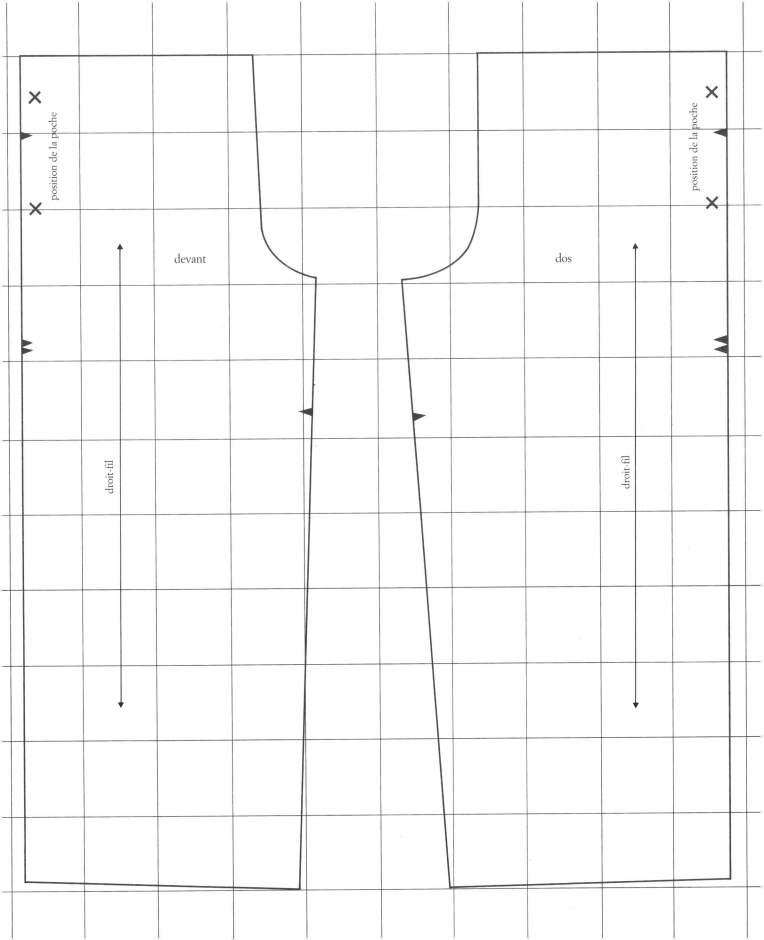

position de la poche

position de la poche

devant

dos

droit-fil

droit-fil

Chemisiers

Les dimensions des pages 63 et 65 et les pièces du patron ci-contre correspondent à une taille 42 ou 44. Avant de couper le patron, vérifiez les mesures du buste et la longueur de la manche, et ajustez-les si nécessaire. Si vous voulez une taille plus grande, ajoutez 1,3 cm à chaque couture ou à la longueur de la manche. Pour une plus petite taille, réduisez d'autant les coutures.

chemisier classique   2,5 m

115 cm

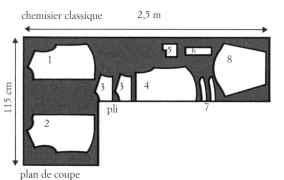

plan de coupe

1 devant gauche
2 devant droit
3 empiècement
4 dos
5 patte
6 poignet
7 col
8 manche

chemisier à nervures   2,5 m

115 cm

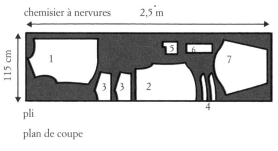

pli

plan de coupe

1 devant
2 dos
3 empiècement
4 col
5 patte
6 poignet
7 manche

102

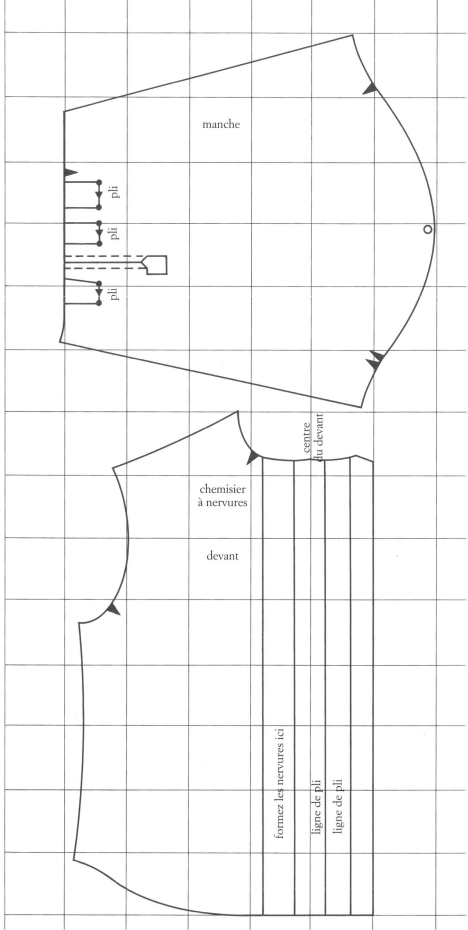

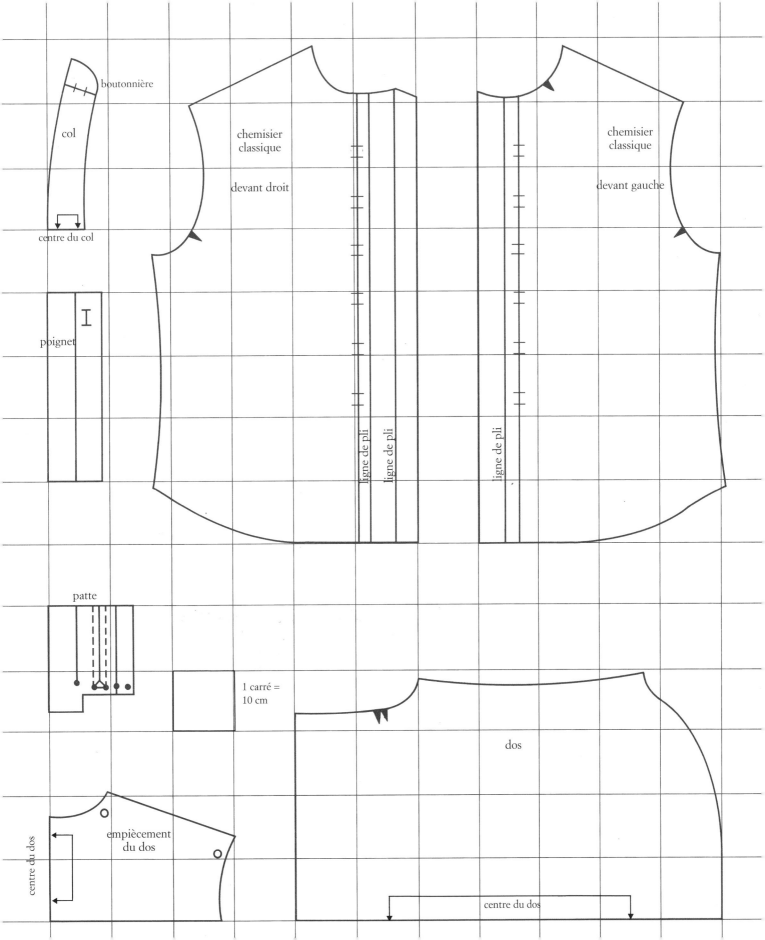

boutonnière

col

centre du col

poignet

chemisier
classique

devant droit

chemisier
classique

devant gauche

ligne de pli

ligne de pli

ligne de pli

patte

1 carré =
10 cm

dos

centre du dos

empièsement
du dos

centre du dos

Veste

Les dimensions indiquées page 88 et les pièces du schéma ci-contre correspondent aux tailles 42-44. Pour obtenir une taille plus grande, ajoutez 1,3 cm à chaque couture latérale, pour une taille plus petite réduisez d'autant les coutures.

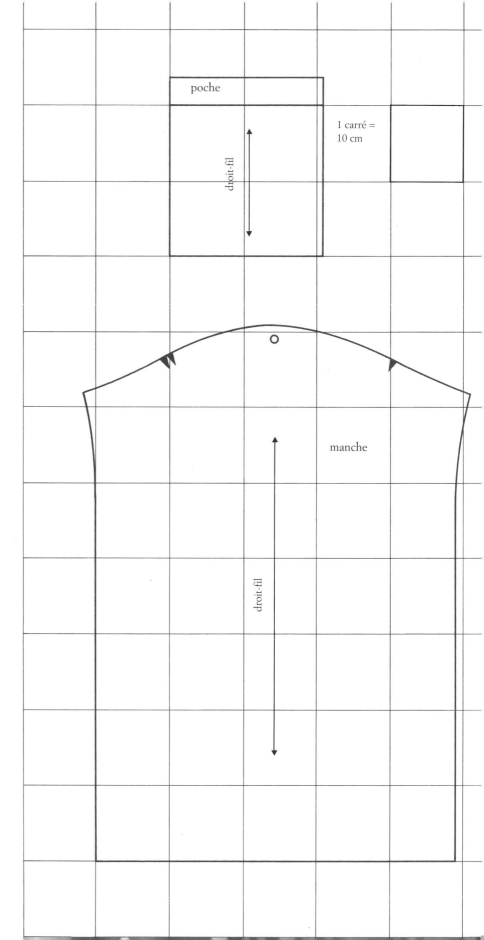

poche

droit-fil

1 carré = 10 cm

manche

droit-fil

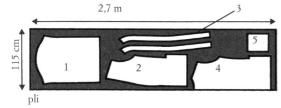

2,7 m

115 cm

pli

plan de coupe

1 manche
2 devant
3 bandes du devant
4 dos
5 poche

104

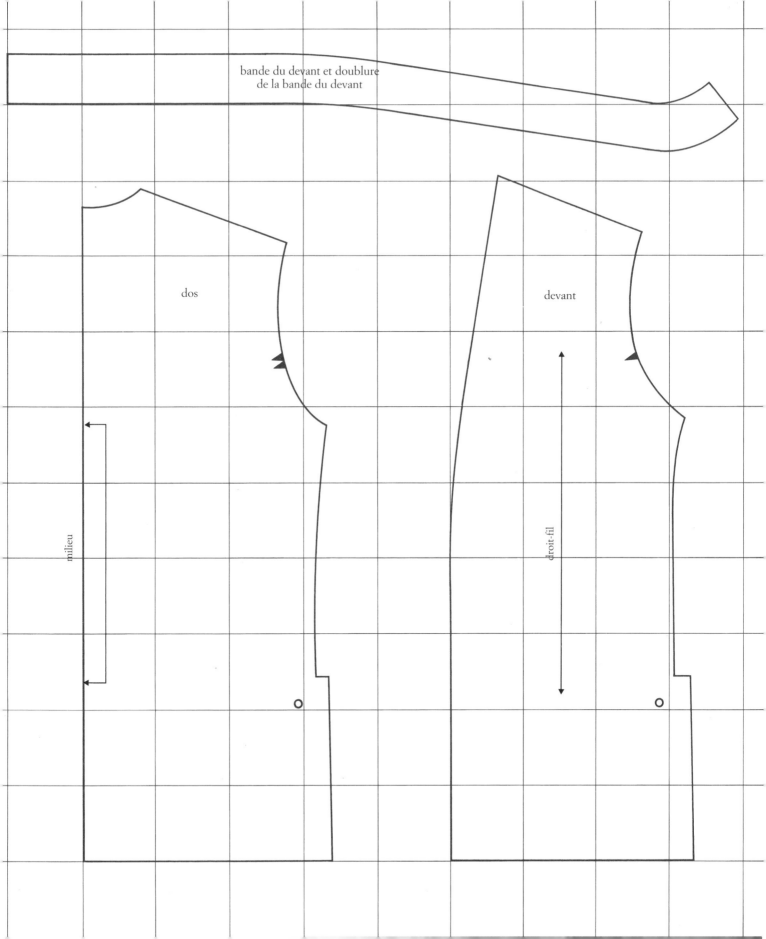

bande du devant et doublure
de la bande du devant

dos

devant

milieu

droit-fil

Glossaire des tissus

Acétate Fabriqué à partir de la cellulose. Souvent utilisé pour les doublures.

Acrilan Marque déposée pour des fibres acryliques.

Acrylique Nom générique donné aux fibres fabriquées à partir du liquide chimique appelé acrylonitrile. L'acrylique ressemble à la laine et est souvent utilisé pour les vêtements tricotés. Les fibres acryliques peuvent également être tissées.

Alpaga Le poil très doux et fin de l'alpaga, une sorte de lama, est très cher et donne un tissu luxueux. Il est utilisé pour des vestes et manteaux très coûteux. Pour réduire son prix, il est généralement mélangé à de la laine de mouton.

Angora Le poil doux et pelucheux du lapin angora est souvent utilisé pour les vêtements tricotés tels que pullovers et cardigans.

Astrakan À l'origine, ce nom désignait la toison des agneaux d'Astrakan. Cette laine frisée est généralement de couleur noire ou brune et était utilisée pour les manteaux et les chapeaux. Actuellement ce terme désigne un tissu qui imite cette toison et sert à la confection de chapeaux, manteaux et cols.

Barathea Ce textile tissé finement et d'épaisseur moyenne est une laine très raffinée que l'on ne trouve qu'en quelques couleurs unies. Il est d'apparence douce et presque luisante et sert à la confection de costumes, jupes et manteaux légers.

Batiste C'est un tissu très fin qui est fabriqué à partir de coton ou de lin très raffinés et qui sert à la confection de mouchoirs, lingerie, vêtements de nuit, chemisiers et vêtements de bébé.

Bouclette Fil bouclé qui peut être tissé ou tricoté pour donner un tissu d'aspect frisé. Il est très attrayant et très chaud. Le fil peut provenir de fibres de laine ou synthétiques, ou d'un mélange des deux. Il est utilisé pour manteaux, robes et costumes.

Bougran Un tissu que l'on apprête et qui est utilisé pour donner de la tenue à d'autres tissus dans les ceintures, les chapeaux et les bordures du haut des rideaux. Il y en a de plus ou moins épais, les plus lourds sont en jute et les plus légers en coton.

Brocart Il était originellement fabriqué à partir de la soie et se trouve maintenant en synthétique également. Ce tissu assez raide est tissé sur un métier à tisser jacquard. Le satin apparaît alternativement sur l'endroit et sur l'envers du tissu pour créer le motif, souvent composé de fleurs ou de feuilles ; quelquefois des fils métalliques sont également tissés. Le brocart est utilisé pour les tenues de soirée et les brocarts les plus lourds comme tissus d'ameublement.

Broderie anglaise Traditionnellement en coton blanc avec de petits œillets brodés et blancs pour les motifs, la broderie anglaise se trouve également en synthétique ou en mélange. La broderie blanche est parfois remplacée par une broderie de couleur pastel. On s'en sert pour les vêtements de bébé, pour les robes et les chemises d'enfants, ainsi que comme ornement en petite largeur pour border un ouvrage ou en insertion, combinée avec un ruban étroit.

Cachemire Le poil de la chèvre du Cachemire donne, une fois tissé, cette magnifique étoffe, douce et raffinée que l'on reconnaît à son aspect lisse et soyeux. On s'en sert pour tricoter de luxueux jerseys et cardigans. C'est un tissu très léger et pourtant très chaud que l'on utilise, pour les hommes comme pour les femmes, pour des costumes, manteaux et tailleurs. Comme il est très coûteux, on le mélange souvent avec de la laine de mouton pour diminuer son prix.

Calicot Un coton bon marché, solide, d'abord produit à Calicut en Inde, qui se vend généralement en écru. Il se reconnaît facilement à son aspect rugueux. Aujourd'hui, certains calicots sont teints. Il est souvent utilisé comme tissu d'ameublement, mais également pour faire les toiles à patrons.

Chambray Tissu de coton doux dont le fil de chaîne est coloré alors que celui de trame est blanc. Il ressemble à la toile de jean, mais est beaucoup plus léger et moins solide. Il est souvent de couleur bleu pâle. Le chambray sert à la confection de chemises, robes et vêtements d'enfants.

Chamois Cuir très doux de couleur brune ou dorée en peau de chamois. Il existe un tissu tissé qui l'imite et a la même appellation.

Chenille Le terme français est utilisé en anglais pour désigner ce tissu poilu. Existe en soie, coton, laine, viscose et mélanges divers. Ce fil est souvent utilisé pour le tricot ; lorsqu'il est tissé, il a un poil épais, velouté et est généralement utilisé pour les tissus d'ameublement, mais parfois également pour la confection de vêtements.

Chenille de coton Tissu lâche à longs poils, obtenu en faisant passer de petites touffes de poils à travers un tissu tissé très peu serré. Généralement en coton, peut également se trouver en synthétique et sert à la confection de couvre-lit et de robes de chambre.

Chintz Traditionnellement, tissu de coton imprimé avec de grands motifs de fleurs et d'oiseaux, dont une face est parfois glacée. Il est utilisé pour les rideaux et couvertures souples. Actuellement, ce terme s'applique également à des tissus glacés de coton de couleur unie utilisés principalement comme tissus d'ameublement et couvertures de coussin.

Cloqué Ce terme est également utilisé en anglais et désigne un tissu gaufré. Était en soie à l'origine, il y en a maintenant en synthétique. Sert à la confection des robes.

Coton Obtenu à partir de la cosse de la graine de la plante que l'on appelle coton. Il en existe de nombreux tissus, de qualité et de prix très différents.

Coton d'Égypte Coton d'excellente qualité, particulièrement doux au toucher. Utilisé pour des draps de lit de première qualité, vêtements de nuit et vêtements d'enfants.

Coton de Madras Coton bon marché, provient de Madras, en Inde et est filé à la main en carreaux très colorés. Les teintures sont végétales et tendent à déteindre et à se décolorer au lavage.

Coton Pima Coton originaire du Sud-Ouest des États-Unis de très bonne qualité et utilisé principalement pour la confection de chemises.

Coutil Tissu d'armure sergé très solide, en coton à l'origine mais souvent mélangé aujourd'hui à du synthétique. Il sert à confectionner des bleus de travail et autres vêtements de travail.

Crêpe de Chine Luxueux tissu, en soie à l'origine mais existe maintenant en synthétique. Le tissage avec un fil serré lui donne son aspect crêpé caractéristique. Existe en couleurs unies ou en splendides imprimés pour la confection de chemisiers, de robes et d'une magnifique lingerie.

Crêpe Georgette Tissu fin, transparent et léger, qui ressemble à de la mousseline, mais est tissé avec un fil serré lui donnant son aspect légèrement crêpé. Existe généralement en soie et est utilisé pour la confection de vêtements et foulards.

Denim Ce tissu très solide tient son nom de son origine, Nîmes. Il est extrêmement apprécié pour les jeans, les vestes et les chemises. S'il était traditionnellement tissé avec un fil de trame blanc et un fil de chaîne de couleur, généralement bleu, il est souvent teint aujourd'hui, ce qui ne permet plus de voir cet effet.

Doupion Tissu de soie caractérisé par un aspect irrégulier. On le confond souvent par erreur avec la soie sauvage. Très utilisé pour les robes de mariée, les vêtements pour demoiselles, garçons d'honneur et les robes de bal. Il est étonnamment bon marché et existe dans une large gamme de couleurs.

Drap sergé pour culotte de cheval Tissu très solide d'armure sergé en laine, mais parfois en acrylique. Il a d'abord servi à confectionner les culottes de cheval et est toujours demandé pour les pantalons d'une solidité à toute épreuve.

Finette Les fibres de ce tissu sont brossées pour qu'elles se redressent. On obtient un tissu doux et chaud utilisé pour les vêtements de nuit et les chemisiers.

Foulard Tissu imprimé doux d'armure sergé, en soie à l'origine, mais qui existe maintenant en synthétique. Utilisé surtout pour les cravates et les foulards comme le suggèrent ses imprimés, mais aussi pour la confection de chemisiers et de robes.

Gabardine Tissé très serré, ce tissu d'armure sergé, solide et un peu raide, existe en laine, coton ou synthétique. Jadis les imperméables utilisés pour aller à l'école étaient en gabardine de laine imperméable.

Japonette Tissu de soie doux et léger, relativement bon marché, utilisé pour les doublures, mais aussi pour la confection de chemises.

Jersey de coton Tissu de coton tricoté utilisé à l'origine pour les tee-shirts et les sous-vêtements, mais qui sert maintenant à la confection de jupes et de robes. Les plus épais sont destinés aux vêtements de sport.

Laine Provenant de la toison du mouton, la laine est un tissu très chaud et pratique pour les vêtements d'hiver.

Laine d'agneau Tissu très doux et léger provenant des agneaux avant qu'ils n'aient sept mois. Cette laine est souvent utilisée pour les tricots de qualité supérieure.

Lamé Tissu tissé avec des fils métalliques et avec une autre fibre qui peut être de la soie ou du synthétique. Utilisé pour des tenues habillées.

Liberty Magnifiques motifs en exclusivité imprimés sur coton, soie et laine par Liberty de Londres.

107

Lin Provient de la tige de la plante. Est utilisé pour le linge de table et les draps de lit, ainsi que pour des tenues élégantes.

Linon Tissu très fin, généralement en coton, mais également en lin. Un peu plus raide que la batiste, il est utilisé pour la confection de chemisiers, chemises et robes, et de vêtements d'enfants.

Lurex Marque déposée d'un fil métallique que l'on peut tisser ou tricoter, ou bien utiliser comme fil à coudre ou à broder.

Lycra Marque déposée d'une fibre élastique. S'utilise lorsqu'il faut étirer le vêtement comme pour des maillots de bains, des collants et des vêtements moulants.

Melton Tissu en laine raide, tissé serré, avec un aspect un peu feutré. Utilisé pour les manteaux et les costumes.

Mérinos L'une des meilleures qualités de laine obtenue à partir de la laine du mouton mérinos. Cette appellation désigne parfois une laine de bonne qualité.

Mohair Le mohair qui provient des longs poils de la chèvre angora est un peu poilu, mais très chaud. On le mélange souvent à de la laine pour en faire une étoffe destinée à la confection des costumes.

Moiré Apprêt de la soie ou d'un tissu en acétate qui leur donne un aspect chatoyant.

Mousseline Tissu très doux, très léger, à l'origine en soie, mais que l'on trouve aujourd'hui en synthétique. Existe dans une large gamme de couleurs généralement unies, mais quelquefois de couleur dégradée. Son drapé magnifique permet de l'utiliser pour les foulards et vêtements légers.

Mousseline à fromage Tissu lâche, de tissage peu raffiné qui servait à l'origine à envelopper les fromages. Il peut être teint et être tissé plus serré pour la confection de pantalons et de robes amples. Il est très bon marché.

Nylon Fibre synthétique fabriquée à partir de produits d'origine minérale, extrêmement solide et résistante.

Organdi Tissu de coton très fin ayant reçu un apprêt qui le rend un peu raide. Souvent confondu avec l'organza qui est son équivalent en soie. Utilisé pour entoiler et pour les robes habillées et les chapeaux.

Organza On le confond souvent avec l'organdi qui, lui, est en coton. C'est un tissu très fin, mais raide, apprêté, qui a un beau tombé. Existait en soie à l'origine, mais se trouve maintenant en synthétique. Utilisé comme triplure et entoilage, ainsi que pour les robes de bal.

Orlon Marque déposée de fibres acryliques.

Ottoman Tissu caractéristique, à côtes saillantes disposées dans la largeur, ce qui le rend assez raide. Il était en soie à l'origine mais se trouve maintenant plutôt en synthétique et est utilisé pour les tenues de soirée.

Panne de velours Tissu de velours dont le poil est repassé à plat dans un sens, ce qui lui donne un aspect brillant et un toucher glissant. Existe généralement en synthétique et est utilisé pour des tenues habillées.

Percale Tissu de coton fin, tissé serré, auquel on donne un aspect lisse. Il est très utilisé pour les draps de lit et les chemises.

Poil de chameau C'est le nom donné à un tissu très luxueux obtenu à partir du poil de chameau, mélangé avec de la laine pour le rendre moins coûteux. Il est très doux, mais également très léger et très chaud et sert surtout à la confection de manteaux. Le terme est également utilisé maintenant pour des tissus épais de couleur poil de chameau.

Polyester Fibre synthétique très utilisée qui a de multiples usages. Elle est souvent mélangée à d'autres fibres telles que la laine et le coton.

Popeline Tissu très courant dont les fibres sont en coton mercerisé. Il est plus épais que le linon et est légèrement brillant. C'est un tissu très solide que l'on mélange parfois au polyester pour le rendre moins froissable. Se trouve en uni ou en imprimé et sert à la confection de robes, chemisiers, vêtements d'enfants et bien d'autres choses encore.

Ramie Tissu très solide dont la fibre, la ramie, est d'origine végétale et pousse en Asie. On l'utilise parfois pour la confection de chapeaux et de robes en la mélangeant à d'autres fibres.

Rayonne Tissu doux, ressemblant à de la soie, excellent pour les doublures.

Satin Type d'armure qui donne un aspect lisse et brillant à une face de l'étoffe. Existe dans presque toutes les fibres, ce qui conditionne ses nombreuses utilisations.

Seersucker Tissu alternant bandes gaufrées et bandes plates que l'on forme au cours du tissage et qui ne s'en vont pas au repassage. Existe en coton ou en nylon et est utilisé pour les robes et vêtements d'enfants. Il se démode parfois.

Serge Tissu de moyenne épaisseur résistant à toute épreuve, d'armure sergé, n'existant qu'en couleur unie. Il est couramment utilisé pour les uniformes scolaires, mais également pour les costumes.

Shantung Tissu de soie de moyenne épaisseur et de texture grenue, très apprécié de celles et ceux qui suivent la mode de près pour les robes et costumes.

Soie Le fil du ver à soie donne un merveilleux tissu qui se présente sous de nombreuses formes. On l'utilise pour les rideaux, tissus d'ameublement, robes de mariée, robes du soir et vêtements ordinaires.

Spandex Tissu en polyuréthanne, qui peut beaucoup s'étirer et qui est donc très utilisé pour les maillots de bain et les sous-vêtements.

Taffetas À l'origine en soie et très souvent en synthétique aujourd'hui, ce tissu est assez raide et a un froissement caractéristique. Existe généralement en couleurs unies brillantes et est utilisé pour des tenues de soirée et robes de mariée.

Terylène Marque déposée d'une fibre en polyester.

Tulle Tissu très fin, comme un filet avec de petits trous qui est surtout utilisé pour les voiles de mariée.

Tissu ciré Ce terme français est également utilisé en anglais. Le tissu original était ciré pour lui donner un aspect brillant. Actuellement, il désigne un tissu traité pour avoir cet aspect. Ces tissus sont souvent imperméables et ont un toucher lisse et glissant.

Toile à beurre Tissu de coton bon marché et très lâche utilisé à l'origine pour séparer le lait du beurre. La toile à beurre peut être utilisée pour des rideaux de lit légers et flottants.

Treillis Ce tissu un peu raide, tissé serré, était utilisé à l'origine pour les vêtements d'été de l'armée. On le trouve souvent en kaki ou en beige ; il est d'une solidité à toute épreuve et sert pour les pantalons et vêtements de sport.

Tweed Donegal Ce tweed vient du comté de Donegal en Irlande. Cette laine a un effet tacheté particulier, les mouchetures étant de couleur étonnamment brillante. Utilisé pour les costumes et les vestes.

Tweed Harris Tissu assez grossier tissé à la main dans les petites fermes des Hébrides, groupe d'îles au large des côtes de l'Écosse, parmi lesquelles se trouve l'île Harris. Comme les métiers sont manuels, le tissu n'a que 69 cm de large. C'est un tissu extrêmement résistant, qui dure de très nombreuses années et sert à la confection de manteaux et de vestes d'allure sportive.

Velours Tissu dont le poil est coupé. Il peut être en coton, en synthétique ou en soie et il a chaque fois des caractéristiques spécifiques. Sert à la confection de vêtements habillés.

Velours côtelé Tissu de coton caractérisé par des côtes en velours d'épaisseur variable. Résistant à toute épreuve, il est utilisé pour les vêtements d'enfants, et pour les jupes et les pantalons d'adultes. Bien qu'ils soient généralement de couleur unie, certains velours côtelés ont de jolis motifs imprimés.

Velours dévoré Ce tissu a été traité chimiquement pour enlever (ou dévorer) une partie de sa surface en dessinant un motif avec le velours restant. Comme une partie du velours a disparu, cette étoffe est légère et tombe magnifiquement. On l'utilise pour les foulards et les tenues de soirée.

Velours de laine Étoffe d'épaisseur moyenne, tissée serrée, d'aspect lisse et utilisée pour la confection de manteaux.

Vichy Tissu dont les carreaux ont été tissés. Il est généralement blanc et comporte une autre couleur, ce qui donne trois teintes finales. Résistant à toute épreuve, le vichy est généralement en coton, mais quelquefois en synthétique. Il est relativement bon marché et a un aspect frais agréable qui permet d'en faire de nombreux usages.

Vigogne Tissé à partir du poil de la vigogne, une sorte de lama d'Amérique du Sud, c'est un tissu luxueux et très cher.

Viscose Sorte de rayonne produite à partir de la cellulose, dont la qualité s'est améliorée avec le temps. Peut être utilisée non mélangée pour jupes et robes ou mélangée avec d'autres fibres pour s'adapter à de nombreux usages.

Voile Tissu transparent très léger, qui existe surtout en coton ou en synthétique. Il est utilisé pour les vêtements légers et flottants.

Voile de religieuse Réservé à l'origine à un usage religieux, ce type de laine très fine, tissée de manière très régulière, donne un tissu délicat qui est utilisé pour la confection de robes et corsages.

109

Index

Remerciements

L'auteur tient à remercier Hilary More pour sa patience, pour le travail qu'elle a fourni, mais aussi pour la rédaction des instructions concernant le rideau, les coussins, les formes rondes et carrées, les taies d'oreiller, et pour la description de leur montage ; l'équipe de Quadrille ; Liberty de Londres pour avoir fourni avec générosité la plupart des tissus ; Mary Telford pour le si beau montage de nombreux projets ; Alice Butcher et Lyn Holt de Liberty pour leur soutien et leur gentillesse ; Diana Vernon pour ses conseils et ses encouragements, ainsi que sa famille : Anthony, Emily, Alice, Nancy et Rupert qui ont été si compréhensifs.

Les éditeurs voudraient également remercier Liberty plc et les autres firmes énumérées ci-dessous pour avoir fourni avec générosité les tissus :
Liberty plc (pages 29, 31, 47, 53, 62, 64, 89) ; Bennison (page 42) ; Calver & Wilson (page 83) ; Nina Campbell (page 11) ; Designers Guild (pages 45, 57) ; Panda ribbon (page 29) ; Malabar (page 69) ; Ian Mankin (pages 13, 73, 93, 96) ; Mulberry Home (page 39) ; Osborne & Little (pages 11, 86) ; ainsi que Beryl Miller pour d'autres montages de projets.

Les éditeurs et les photographes remercient également Richard Lowther et Lynne Robinson, Lucinda Ganderton et Emma Williams, Amanda Hawkins Knitwear Design, Damask, Diana Digby Ratafiat Hats, Gainsborough Silk Weaving Co. Ltd, Hobbs, Millside Forge et Nina Spooner.